GELASSENHEIT IM PFERDESPORT

Erfolgreich in Haltung, Zucht und Sport – Gelassen geht es besser!

Teil 1: Grundlagenwissen

Teil 2: Praktische Anwendung/Prüfung

Gelassenheit – Grundvoraussetzung für jede Ausbildung

In der heutigen hektischen und rastlosen Zeit wird die Gelassenheit in allen Bereichen zunehmend in den Hintergrund gedrängt.

Im Pferdesport werden oftmals spektakuläre Bewegungsabläufe und kontrollierte Spannung statt der eigentlich grundsätzlichen Voraussetzung für jede Ausbildung, nämlich „Losgelassenheit" bevorzugt. Profit- und Erfolgsdenken rücken dabei zum Nachteil der Pferde mehr und mehr in den Vordergrund.

Sowohl von einigen Richtern auf Pferdeleistungsschauen als auch von Interessenten bei Verkaufsveranstaltungen, aber auch vom frenetisch jubelnden und applaudierenden Fachpublikum wird Spannung manchmal mit Ausdruck und Erhabenheit verwechselt und honoriert.

Herr Fink hat meines Erachtens mit diesem Buch eine wichtige Lücke in der Fachliteratur für die Belange des Pferdes während der Ausbildung geschlossen.
Auch dem Spitzensportler kann das Buch ein wertvoller Ratgeber sein.

Jeder, der den Umgang mit der Kreatur Pferd pflegen will, sollte sich dieses so wichtige Werk zu Gemüte führen, um die Pferdeausbildung gelassen anzugehen. Nur so können Ausbilder und Pferd partnerschaftlich zusammenwachsen und großen Spaß an der gemeinsamen Arbeit haben.
Und bedenken wir: Das Pferd ist oft Spiegelbild des Ausbilders.

Ich wünsche allen Lesern viel Spaß und neue Erkenntnisse beim Lesen dieses Buches, damit Ross und Reiter davon profitieren können.

Klaus Balkenhol
u.a. Mannschafts-Olympiasieger in Barcelona 1992
und in Atlanta 1996
Olympische Einzelmedaille-Bronze in Barcelona 1992
Dressurausbilder, u.a. der amerikanischen
Dressurreiter-Mannschaft

Take it easy – mach es gelassen

In der heutigen schnelllebigen Zeit und auch hektischen Zeit ist Gelassensein eine besondere Gabe. Gelassenheit und innere Ruhe befähigen uns in schwierigen Situationen die Fassung zu bewahren. Bei gelassenen Menschen und/oder Pferden tankt man auf – erholt sich und fühlt sich wohl.

Es kann vorkommen, dass man mit Pferden kritische Situationen erlebt, weil Pferd und Reiter nicht gelassen auf ungewöhnliche Situationen und „Hindernisse" reagieren. Bedauerlicherweise sind spektakuläre Bewegungen Züchtern, Reitern, Lehrern und Richtern oft noch wichtiger als gelassenes „Gehen".

Da es die alleinige Nutzung von Flur und Wald nicht mehr gibt, treffen Reiter und Pferde nicht nur auf Landwirte mit immer größeren Maschinen, sondern vermehrt auf Nordic Walker, Jogger, Mountain Biker und sogar auf Quadfahrer. Da der heutigen Freizeitgesellschaft die Reaktionen von Pferden nicht geläufig sind, müssen wir unsere Pferde an solch ungewöhnliche Situationen bzw. Hindernisse gewöhnen. Die Basis für das Gelassenheitstraining ist die Bodenschule. Das Training, sollte aus Sicherheitsgründen zunächst auf einem entsprechenden Gelände (Reitpark) erfolgen und sollte außerdem auch noch viel Spaß bereiten. Als Abschluss und Ziel kann die Teilnahme an eine GHP-Prüfung angestrebt werden. Wie bedeutend das Thema Gelassenheit im Pferdesport inzwischen geworden ist, zeigt sich darin, dass diese Prüfung sich zunehmend großer Beliebtheit erfreut.

Der Autor dieses Buches Georg Fink ist nicht nur ein alter „Rekener" Weggefährte, er ist auch ein langjähriger Freund und er ist ein Pferdemensch. Seine Gedanken und Ideen zu mehr Gelassenheit im Pferdesport sind höchst interessant, hilfreich und aktuell. Aufgeschlossene Reiter, Züchter, Ausbilder und Pferdefreunde werden von der theoretischen Auseinandersetzung und den im Buch erläuterten praxisbezogenen Beispielen und Lösungsmöglichkeiten enorm profitieren.

Ein Buch, das aus der Praxis für die Praxis geschrieben wurde und dem ich viel Erfolg wünsche, zum Wohl der Pferde.

Gelassenheit im Pferdesport –
eine große Chance für Pferd und Mensch.

Jochen Schumacher
EIGENTÜMER FS REIT-ZENTRUM REKEN, AUSBILDER UND RICHTER,
ERFOLGREICHER DISTANZREITER

Gelassenheit – eine unterschätzte mentale Qualität

Warum sollen Sie sich mit diesem Buch und dem Thema „Gelassenheit" befassen? Aufgrund meiner langjährigen Erfahrungen im internationalen Vielseitigkeitssport, als Tierarzt und in der Pferde-Rehabilitation spielt für mich die Fähigkeit „gelassen" zu agieren eine entscheidende Rolle, sowohl für das Wohlfühlen in der Partnerschaft zwischen Pferd und Reiter als auch für die Gesundheit beider.

In unserer Leistungsgesellschaft reduzieren sich die Zielsetzungen im Leben auf den einfachen Nenner: Besser sein als Andere. Sieger werden bewundert, gefördert, die Leistungen honoriert. Die gesamte Gesellschaft steht unter Leistungsdruck, besonders aber Sportler, die in Wettkämpfen antreten. Es gibt jedoch keine Siege ohne Niederlagen, der Weg nach ganz oben verläuft in Stufen, oft auch rückwärts gerichtet. Gelassenheit ist eine notwendige Voraussetzung, um nicht durch Stress und Überanstrengung am Ziel „vorbeizureiten".

Im Pferdesport treten zwei Lebewesen im Team an, das bedeutet, der Stressfaktor multipliziert sich, wenn der Gelassenheit nicht der richtige Wert beigemessen wird. Schon im Training muss Horsemanship oberstes Gebot sein. Welche Trainingseinheiten sind angemessen, um den Weg zum Erfolg zu gehen, ohne dem anvertrauten Lebewesen die Freude an der Arbeit zu nehmen. Wiederholen ist das entscheidende Merkmal des Lernens. Es muss genügend Zeit eingeplant werden, um die Sicherheit zu erreichen, die den spielerischen und gelassenen Ausdruck verleiht.

Im Wettkampf ist alles anders als zu Hause. Jetzt ist die Gelassenheit des Reiters gefragt, um das Pferd an die ungewohnten Bedingungen gefühlvoll heranzuführen. Ein verkrampftes Pferd wird auch mit „korrekt" ausgeführten Lektionen keine Erfolge feiern. Gelassenheit ist unverzichtbar. Das gilt im gleichen Maße, wenn die Richter durch ihre Wertnoten eine andere Meinung zum Ausdruck bringen als die eigene oder die der Trainer und Freunde. Auch hier kann nur durch die gelassene Annahme von Kritik ein Fortschritt erzielt werden. Außerdem sollten die Richter eine gelassene Grundeinstellung für ihre schwierige Aufgabe mitbringen. Ihre Beurteilung sollte immer die Intention zeigen, dem Reiter bei der weiteren Ausbildung eine Hilfe an die Hand zu geben.

Jeder, der mit seinem Pferd Freizeit- oder Wettkampfsport betreibt, sollte sich mit dem Gedanken der Gelassenheit befassen, sich selbst und seinem vierbeinigen Partner zuliebe.

Dr. Matthias Baumann

TIERARZT, INTERNATIONAL ERFOLGREICHER VIELSEITIGKEITSREITER, U.A. MANNSCHAFTS-OLYMPIASIEGER 1988 IN SOUL UND SECHSTER IN DER EINZELWERTUNG

Warum ein Buch gerade über das Thema Gelassenheit?

Eigentlich war es purer Zufall, der mich auf die Idee brachte, ein Buch über „Gelassenheit im Pferdesport" zu schreiben. Als in Offenburg auf der Euro Cheval im Jahr 2002 die erste Gelassenheitsprüfung (GHP) in der Geschichte des Reitsports durchgeführt wurde, fehlte ein Richter und Moderator. Da ich als Referent für hippologische Podiumsgespräche anwesend war, sprang ich ein und war begeistert von der Prüfungsart und der großartigen Resonanz der Zuschauer. Eine tolle Idee, die von der Fachzeitschrift Cavallo und der Deutschen Reiterlichen Vereinigung e.V. (FN) entwickelt wurde.

Schon immer war es für mich wichtig, meine eigenen Pferde, meine Schüler und deren Pferde ruhig und gelassen auszubilden. Die Ruhe im Springsport habe ich von meinem Vater, von meinem Onkel Franz Mechlem und von Anthony Paalmann vermittelt bekommen.
Von Ursula Bruns habe ich die Erkenntnis, dass artgemäße Haltung für alle Pferde, also auch für Sportpferde wichtig und möglich ist. Linda Tellington-Jones hat mir gezeigt, wie fein, effektiv und gelassen Sportpferde körperlich und mental ausgebildet werden können.

Ich gebe zu, auch ich habe einen intensiven Umdenkungsprozess durchlaufen. Zunächst war mir nicht ganz wohl, als ich meine Sportpferde Schritt für Schritt in die Gruppenhaltung umzgestellt und etwas anders gearbeitet habe, als ich es gelernt hatte. Doch die Erfolge geben mir recht, dass Gelassenheit, intelligentes Reiten und eine artgemäße Pferdehaltung die ideale Basis im Pferdesport sind.

Mit diesem Buch möchte ich Denkansätze vermitteln. Es soll Impulse setzen, wie wir die Qualität in der Haltung, dem Umgang und der Ausbildung verbessern können. Und es soll Diskussionen anregen zwischen den Pferdemenschen der traditionellen Richtungen und den Pferdefreunden anderer Rassen und Reitweisen. Manchen Lesern werden meine Gedanken vielleicht zu weit gehen, weil sie aus großer Vorsicht oder aus wirtschaftlichen Aspekten anders denken. Ich kann jedoch aus voller Überzeugung sagen: Alles was ich in diesem Buch geschrieben habe, baut auf meiner praktischen Erfahrung auf und es funktioniert wirklich.

Viel Freude und Erfolg mit mehr „Gelassenheit im Pferdesport"!

Georg W. Fink
im September 2007

Teil 1
Grundlagenwissen

1. *Gelassen geht es besser*
2. *Basis der Gelassenheit*
3. *Grundbedürfnisse der Pferde*
4. *Gelassenheitspartner Mensch*
5. *Der Weg zur Gelassenheit*

KAPITEL 1

Gelassen geht es besser

Wir Pferdemenschen befassen uns mit allen möglichen und manchmal auch unmöglichen Themen rund um das Pferd. Unzählige Bücher sind über die Zucht, die Ausbildung und seit einigen Jahren auch über die Haltung geschrieben worden. Über die Gelassenheitsprüfung, kurz GHP genannt, sind in Windeseile schon die ersten Werke erschienen. Die GHP ist ein erfolgreiches Produkt der Fachzeitschrift Cavallo und der Deutschen Reiterlichen Vereinigung. Diese Prüfung ist eine echte Erfolgsstory; noch keine neue Prüfungsart der Deutschen Reiterlichen Vereinigung hat so einen durchschlagenden Erfolg erlebt wie die Gelassenheitsprüfung. In 2006 gingen über 2600 Teilnehmer an den Start, alleine 47-mal wurde bereits die gerittene GHP ausgeschrieben!

Es ist daher an der Zeit, sich mit dem Thema der Gelassenheit auseinanderzusetzen! Es geht uns alle an, den Turnierreiter, den Freizeitreiter und natürlich auch den Züchter – wir alle profitieren von gelassenen Pferden und gelassenen Reitern!

Da ich als Ausbilder, Reiter, Richter und Haltungsfachmann immer wieder feststelle, dass in allen Bereichen rund ums Pferd Defizite im Bereich Gelassenheit bestehen, beschäftigt mich das Thema schon lange. Je mehr ich mich damit befasse, desto interessanter wird es!

Der Autor Georg Fink mit Luna vor dem Start

1.1 Welche Rolle spielen Stress und Gelassenheit im Alltag und im Leistungssport?

Wir alle kennen hektische Pferde, die sich nicht auf die Arbeit konzentrieren, die machen was sie wollen und viel Unruhe verbreiten. Oder wir treffen auf Pferde, die so stumpf sind, dass sie fast unbrauchbar sind. Sie arbeiten nicht mit und überlassen alle Entscheidungen dem Reiter.

Wie oft beobachten wir Reiterinnen und Reiter, die nervös, verspannt und leider auch zornig und ungerecht sind. Daneben gibt es Reiter, an die wir als Ausbilder nicht herankommen, weil sie zu verschlossen sind. Beide Extremgruppen sind weit von einer gelassenen Aufmerksamkeit entfernt.

Das Thema geht uns alle etwas an und wir können davon sehr profitieren! Mehr Gelassenheit trägt auch zu einer deutlichen Qualitätsverbesserung in der Lebensgestaltung der Pferde bei.

Steigen ist grober Ungehorsam

Hier fehlt Gelassenheit!

Am besten erkennen wir den Wert der Gelassenheit, wenn wir an Prüfungen in unserem eigenen Leben denken. Waren wir aufgeregt, verkrampft oder nervös, war das Ergebnis selten gut. Waren wir zu lasch, unaufmerksam oder im Kopf blockiert, sah es nicht besser aus. Die besten Resultate haben wir doch nur dann erreicht, wenn wir hoch konzentriert und gleichzeitig gelassen waren! Dieses Bild sollten wir vor Augen haben, wenn wir in diesem Buch von Gelassenheit sprechen.

1.2 Was ist Gelassenheit?

Es gibt sicher viele Definitionen der Gelassenheit. Vielleicht müssen wir den Begriff der Gelassenheit im Pferdesport auch neu definieren – so, dass er die maximale Wirkung hat. Für den Menschen – für die Pferde – für unseren Sport!

Als gelassen gilt ein Pferd, das die ihm gestellten Aufgaben aufmerksam, aber ruhig und gehorsam mit einer deutlich erkennbaren Bereitschaft zur Mitarbeit bewältigt. Bei der Gelassenheit geht es nicht nur um das angeborene Temperament eines Pferdes. Auch Vertrauen zum Menschen, Respekt und Gehorsam führen zur inneren Ruhe. Dadurch wird es zu einem gelassenen und zuverlässigen Partner des Menschen.

Das Pony bewältigt die Aufgabe – das Betreten der Plane – gehorsam

Martin Fink auf Rosalie

Viele Pferdefachleute sehen Gelassenheit als Basis aller Leistungsabfragen, andere interpretieren Gelassenheit eher negativ in Richtung Trägheit, Laschheit und Ausdruckslosigkeit. Viele sprechen auch von der Gelassenheit als Voraussetzung für die Mitarbeit bis zur Unerschütterlichkeit in schwierigen Situationen. Letztendlich muss sich jeder Pferdefreund seine eigene Definition der Gelassenheit machen. Wir versuchen im Schlusskapitel den Gedanken der Definition nochmals aufzugreifen.

1.3 Freud und Leid

Freud und Leid liegen im Pferdesport und in der Arbeitsnutzung von Pferden eng zusammen. Auf meinen vielen Reisen habe ich neben tollen Erlebnissen mit Pferden auch viel Leid und Elend erleben müssen. Ob es überforderte Arbeitspferde im Mittelmeerraum waren, abgemagerte Mongolenponys in China oder isoliert gehaltene Pferde mit Schnabelhufen in Island. Leider muss ich auch in unserer Heimat immer wieder feststellen, dass wir Menschen große Fehler im Umgang mit dem herrlichen Partner Pferd machen. Obwohl diese Pferde viel erdulden müssen, bringen sie trotzdem ihre Leistung für uns Menschen! Dafür sollten wir dankbar sein und es ihnen mit Güte und guter Behandlung danken!

Eindeutiger Verstoß gegen den Tierschutz – immer noch müssen viele Pferde leiden.

Mangelnde Kenntnisse in Haltung, Umgang und Nutzung sind die häufigsten Ursachen. Böser Wille, Niedertracht oder gar Sadismus sind selten zu finden. Viel Leid wird durch skrupellose Geschäftemacherei verursacht. Auch wenn viele – selbst Fachleute – wegschauen, hier wären mehr Zivilcourage und koordiniertes Vorgehen oftmals wünschenswert! Letztendlich muss das Wohlergehen der Pferde vor dem Gewinn der Besitzer oder der Menschen stehen, deren Geschäft Pferde sind.
Hier müssen wir mehr über die Verantwortung nachdenken, die wir für unsere Pferde haben.
Verbesserungen erreichen wir nur durch informative Aufklärung und durch Vorbilder, die es besser machen!

Leid in der Pferdehaltung – hier wäre Hilfe notwendig

1.4 Schlüsselfunktion der Gelassenheit

Aber zurück zum Thema Gelassenheit, denn das kann ein Schlüssel sein, viele dieser Probleme zu verringern, manche gar ganz zu vermeiden.

Die täglichen Probleme beruhen sehr oft auf mangelnder Gelassenheit. Es passieren viele Unfälle, weil Pferd und/oder Reiter nicht souverän auf eine Situation reagieren. Gerade im Leistungssport sind mangelnde Gelassenheit und Losgelassenheit oft die Gründe für sportliche Misserfolge. Ein verspanntes Pferd kann bzw. sollte niemals eine Prüfung gewinnen. Pferde mit deutlicher innerer und äußerlicher Losgelassenheit sollten eine Dressurprüfung prägen, nicht verspannte Pferde mit extremen Bewegungen, wie sie in der Natur niemals vorkommen. Die Diskussion über das Thema „Rollkur", zeigt, dass sich auch unsere Spitzenkräfte im Leistungssport mit dem Thema befassen müssten.
Und das ist gut so.

Warum das so ist, versuche ich in diesem Buch zu erklären. Wir wollen uns aber nicht nur mit den „überdrehten", d.h. gestressten Pferden befassen. Auch die Pferde, die zu ruhig, desinteressiert und unaufmerksam sind, können durch die Aktivierung in Richtung aufmerksame Gelassenheit deutlich gefördert werden.

In jedem Falle behaupte ich aus voller Überzeugung: **Gelassen geht es besser, egal was wir mit Pferden machen. Das gilt für alle Rassen, Reitweisen und Leistungsebenen!**

Futter für die Seele

1.5 Gelassenheitsfaktor Mensch

Wie gelassen sind wir selbst? Diese Frage sollten wir uns öfters stellen. Nicht nur in Bezug auf den Umgang mit Pferden, doch da ganz besonders.

Den Herdenverband der Wildpferde gibt es nicht mehr. Wir Menschen tragen Verantwortung und sind für die Pferde Leitfiguren. Wir formen sie, versorgen und beschützen sie. So wie sich Pferde untereinander wortlos verständigen, so kommunizieren wir ebenfalls ständig mit den Pferden. Mit dem, was wir machen und wie wir es machen.

Natürlich übertragen sich unsere Stimmungen sofort ungefiltert auf das Pferd. Das hat es gelernt in seiner Urherde – immer zu wissen, wie der Andere „drauf" ist, es an kleinsten Gesten und Bewegungen zu erkennen! Ein Wechselspiel zwischen den Pferden ist auch zum Wechselspiel zwischen Pferd und Mensch geworden. Und zwar nicht nur, wenn wir uns aktiv und bewusst mit den Pferden befassen. Nein, die Kommunikation beginnt bereits dann, wenn wir in das Blickfeld der Pferde treten, und endet, wenn wir es verlassen. Alles, was wir dazwischen machen, wird von den Pferden registriert und verarbeitet. Und in unserer Abwesenheit müssen die Pferde mit dem Umfeld klarkommen, das wir geschaffen haben.

Darüber müssen wir uns im Klaren sein, wenn wir am Thema Gelassenheit arbeiten wollen. Nur wenn wir selbst gelassen sind und das auch erkennbar auf das Pferd ausstrahlen, können wir in unseren Pferden Gelassenheit erzeugen.

Merke:

Die Reaktionen der Pferde sind immer ehrlich, sie reagieren auf unsere Signale so, wie wir sie geben, nicht, wie wir sie meinen!

1.6 Pferd hilft Mensch

Aufmerksamkeit und Neugierde

Gelassenheit ist keine Einbahnstraße, wir Menschen können durch den Umgang mit Pferden selbst deutlich gelassener werden. Eine wunderbare Wechselwirkung entsteht, die weit über die Grenzen der sportlichen Nutzung hinausgeht. Die Pferde profitieren von unserer Gelassenheit und wir verändern uns auch, oft, ohne es selbst zunächst zu erkennen. Deshalb sind Pferde so wirkungsvolle Therapeuten, nicht nur für behinderte Menschen, sondern auch für alle anderen, die sich mit Pferden befassen!
Ein Patentrezept gibt es nicht, doch kenne ich viele Möglichkeiten, im täglichen Umgang Stress zu vermeiden und durch Gelassenheit zu ersetzen. Dies ist meist einfacher, als zu ruhige, teilnahmslose Pferde zu aktivieren und zu motivieren. Lassen Sie sich trotzdem überraschen, wie einfach es oft geht, wenn wir die Zusammenhänge erkennen.

1.7 Wem hilft mehr Wissen über Gelassenheit?

Mehr Wissen über Gelassenheit hilft allen Menschen, die sich mit Pferden befassen. Ob Sie Freizeitreiter sind oder lieber Turniere reiten – Gelassenheit ist ein ganz wichtiges Element zu mehr Freude und mehr Erfolg mit Pferden.

Gerade die vielen Gespräche im Vorfeld dieses Buches haben mir gezeigt, wie wichtig das Thema Gelassenheit im Umgang mit dem Pferd ist. Und zwar für uns alle:

- **Züchter**, weil sich gelassene Pferde besser verkaufen lassen,
- **Pferdebesitzer**, weil sie mehr Freude an ihren Pferden bekommen,
- **Reiter und Fahrer**, weil sie mit weniger Aufwand mehr Erfolg haben,
- **Bereiter und Pferdeausbilder**, weil die Arbeit leichter wird,
- **Reitlehrer** aller Disziplinen und Altersgruppen, weil sie weniger Stress mit den Pferden und mit den Reitern haben,
- **Betriebsleiter**, weil die Stimmung im Betrieb deutlich besser wird, was sich direkt auf den Umsatz und den betrieblichen Erfolg auswirkt,
- **Richter und Funktionäre**, weil sie den Sport positiver und entspannter erleben,
- **Pferdefreunde und Zuschauer** bei Pferdeveranstaltungen, weil sie die Ausstrahlung der Gelassenheit genießen,
- für die **Pferde**, weil es ihnen weitaus besser geht!

1.8 Zucht und Gelassenheit

Merke:

Nur gelassene Pferde sind verlässliche Partner und sichern den Züchtern einen kontinuierlichen Absatz in allen Kundengruppen.

Beginnen wir bei der Pferdezucht. Hand aufs Herz, wer denkt bei der Auswahl der Anpaarung an das Thema Gelassenheit? Interessant war für mich die Meinung des bayerischen Landstallmeisters Dr. Eberhard Senckenberg. Er ist der Meinung, dass die Gelassenheit der Elternlinien ein wichtiges Qualitätsmerkmal bei der Zuchtwahl ist. Wörtlich: „Pferde, die nicht genügend gelassen sind, sind nicht zu vermarkten“. Ich finde, er hat recht.

Züchter sind stets bestrebt, ihre Zuchtprodukte zu verbessern. Sie arbeiten mit gezielter Selektion, mit „Bauchgefühl“, wissenschaftlichen Methoden oder einfach mit etwas Glück. Gerade die großen Erfolge der geführten und jetzt auch der gerittenen Gelassenheitsprüfungen zeigen den Züchtern, welch hohen Stellenwert die Gelassenheit für den Pferdesport hat. Erfolgreiche GHP-Pferde lassen sich leichter und teurer verkaufen, denn der Kunde bekommt einen Nachweis, dass sein „Wunschpferd“ bewiesen hat, dass es gelassen ist.

Gelassenheit spielt bei der Pferdezucht eine große Rolle. Nur gelassene Pferde lassen sich gut verkaufen und im Leistungs- und Freizeitsport einsetzen.

Wir in Schwaiganger legen neben den Leistungskriterien im Sport auch großen Wert auf die mentalen Stärken unserer Pferde. Neben der Leistungsbereitschaft ist die Gelassenheit ein wichtiger Baustein zum sportlichen Erfolg mit Pferden – und zwar auf beiden Seiten, bei den Pferden und bei den Menschen, die sie halten und reiten.
Das war und ist für mich bei allen Pferderassen von großer Bedeutung. Gerade hoch im Blut stehende Pferde wie Vollblüter und Trakehner müssen gelassen sein, damit sie auch von Amateuren leicht zu handhaben sind. Hier haben wir in der Zucht viel erreicht.
In der Aufzucht, der Haltung und im täglichen Umgang ist Gelassenheit ebenfalls wichtig. Der ruhige, fachkundige Umgang bei artgemäßer Haltung auf großen Weiden schult die Pferde und macht sie gelassen. Das Anreiten, Ausbilden und Verkaufen ist so viel einfacher.
Ja, Gelassenheit ist für mich ein wichtiges Element in der Pferdezucht! Der Markt will qualitätsvolle und gelassene Pferde – also züchten wir sie!

STATEMENT DR. EBERHARD SENCKENBERG
LANDSTALLMEISTER BAYERISCHES HAUPT- UND LANDGESTÜT SCHWAIGANGER

Schon bei der Aufzucht sollte man Wert auf Gelassenheit legen. Auslauf ohne Spielkameraden auf einem staubigen Paddock (Foto oben) kann nicht zur positiven Entwicklung beitragen.

Darin steckt ein großes wirtschaftliches Potenzial. Der moderne Markt benötigt nicht nur sportlich talentierte Pferde in Richtung Leistungssport. Vielmehr suchen immer mehr Menschen Pferde mit einem ausgeglichenen und gelassenen Charakter. Die Zeiten sollten vorbei sein, in denen Pferde nur noch von Spezialisten ausgebildet und geritten werden können. Die Menschen wollen wieder selbst reiten, nicht nur reiten lassen. Viele haben auch gar nicht das Geld, jeden Monat in Beritt zu investieren, um dann eines Tages zu hören, dass es für das Pferd „besser wäre, wenn der Besitzer es gar nicht mehr reiten würde"!

Und das ist eine große Chance für alle Züchter, sich nicht mehr nur auf die spektakulären Bewegungsabläufe und das gewaltige Springvermögen konzentrieren zu müssen. Pferde sollten auch „bedienungsfreundlich" sein, d.h., auch schwächere Reiter müssen mit den Pferden klarkommen. Nur so macht Reiten auf Dauer Freude und kann – auch für den Amateur – erfolgreich sein. Pferde werden eben zum Großteil von Amateuren gekauft und geritten. Also muss die Zucht umdenken und sich an diesem größten Kundenpotenzial orientieren.

Nicht umsonst haben in den letzten drei Jahrzehnten so viele Pferde anderer Rassen einen großen Markt bei uns gefunden. Für alle ist das Thema Gelassenheit von großer Bedeutung. Für das Westernpferd, dessen Ursprung in der Arbeit mit den Rinderherden liegt, für das iberische Pferd, das blitzschnell mit viel Übersicht in der Arbeit mit Stieren beheimatet ist, oder für den Isländer, der über Jahrtausende Transportmittel im unwegsamen Gelände war und heute ein vielseitiger und charakterstarker Partner für Sport und Freizeit ist.

Aufmerksamer Isländer (links) und Westernpferd bei der Arbeit mit dem Rind

1.9 Pferdebesitzer

Merke:

Gelassene Pferde schaffen zufriedene und dankbare Kunden für Ausbilder, Bereiter, Züchter und Verkäufer.

Sie sind die Kundschaft der Züchter, Händler, Ausbilder, Ausrüster und Dienstleister rund ums Pferd. Egal ob sie selbst reiten oder reiten lassen, sie wollen sich an den Pferden erfreuen, und zwar lange und ohne Stress. Jeder Pferdebesitzer freut sich über sein oder seine Pferd/e, wenn es ihnen gut geht, sie Fortschritte machen, sie erfolgreich sind und keine Probleme verursachen.

Nach Rücksprache mit vielen Fachtierärzten für Pferde und aufgrund meiner eigenen Erfahrungen komme ich zu der Erkenntnis: Gelassene Pferde haben weniger Erkrankungen (Magengeschwüre, Stereotypien, Unfälle) und reduzieren damit die Tierarztkosten, sie leisten mehr im Alltag und im Leistungssport und können viele Jahre länger genutzt werden. Alles Argumente, die gerade für die Pferdebesitzer wichtig sind.

Anne Hoi auf Libelle

1.10 Reiter, Fahrer, Voltigierer, Wander- und Distanzreiter und alle, die sich aktiv mit Pferden beschäftigen

Je gelassener Pferde sind, desto schneller lernen sie, desto entspannter wird der Umgang mit ihnen und desto mehr Freude haben wir an ihnen.
Moderne Pferde haben hervorragende Eigenschaften, die Zucht hat enorme Fortschritte gemacht. Dieses Potenzial auch herauszuarbeiten erfordert Kompetenz in der Ausbildung und Gelassenheit im Umgang. Gelassene Pferde sind einfacher zu lösen (mental und körperlich), lernen leichter und benötigen weniger Krafteinsatz des Reiters. Die Vertrauensbasis wird besser und der Grad der Harmonie zwischen Pferd und Mensch nimmt zu.

Gelassenes Distanzpferd im Wettkampf

Konzentriertes und gelassenes Voltigierpferd

1.11 Ausbilder

Wer mit der Ausbildung von Pferden Geld verdienen will, muss kompetent und gelassen sein. Nur so ist der Ausbilder in der Lage, seine Pferde solide auszubilden, in sich selbst ruhen zu lassen und somit die größten Erfolge zu erzielen. Oft beugen sich Ausbilder dem ehrgeizigen Druck der Besitzer – das Ergebnis sind nur kurzfristige Scheinerfolge. Kunden werden verärgert, Pferde „sauer gemacht“, kurz: Geschäfte scheitern.

Reitlehrer, die sich auf die Ausbildung der Reiter spezialisiert haben, finden in dem Thema Gelassenheit ein „neues Produkt“, mit dem sie gutes Geld verdienen können.

Nach dem großen Erfolg der GHP in den letzten Jahren bieten immer mehr Ausbilder Kurse, Lehrgänge und Beritt speziell zu diesem Thema an. Auch im täglichen Umgang können rund um das Thema Gelassenheit viele interessante Angebote entwickelt werden.

Gelassenheit im Springsport

Der Springsport ist geprägt von Dynamik, Schnelligkeit und blitzschnellen Reflexen von Pferd und Reiter. Gelassenheit steht dazu eigentlich im Gegensatz. Doch wenn wir genau darüber nachdenken, dann stimmt dieser erste Eindruck nicht. Pferde können nur dann dauerhaft und erfolgreich ausgebildet werden, wenn sie über eine solide Grundgelassenheit verfügen. Darunter verstehe ich als Springausbilder die körperliche und seelische Losgelassenheit. Verspannte und nervöse Pferde lernen nicht so gut wie lockere und gelassene Pferde. Und im Wettkampf müssen meine Pferde auch die notwendige Übersicht behalten und sich nicht durch die optischen Reize des Turnierplatzes ablenken lassen.

Für mich ist eine konstruktive Gelassenheit die Basis für erfolgreichen Springsport. Höchstleistungen müssen ungestört abrufbar sein. Meine Pferde dürfen auch „mitdenken" im Parcours, deshalb erwarte ich blitzschnelle Reaktionen auf die Anforderungen des modernen Parcoursbaus. Das ist nur möglich, wenn alle körperlichen und seelischen Voraussetzungen stimmen.

In der Ausbildung meiner Schüler geht ohne Gelassenheit nichts. Nur so entsteht Vertrauen und die Schüler lernen das, was sie benötigen. Ängste, Blockaden und körperliche Spannungen versuche ich durch kleine Lernschritte zu vermeiden oder abzubauen. Deshalb lege ich großen Wert auf eine gute mentale Mitarbeit meiner Schüler und auf ein tiefes Vertrauen in meine Arbeit.

Das Gelassenheitstraining von Pferd und Reiter ist seit Jahren fester Bestandteil meiner Ausbildungsphilosophie. Die Erfolge geben mir Recht!

STATEMENT MARTIN VOGEL
KADERREITER IN BAYERN, GOLDENES REITABZEICHEN, TRAINER DES BUCHAUTORS GEORG FINK

Natürlich ersetzt ein Lehrgang in Gelassenheit nicht das korrekte Reiten. Aber er kann eine wertvolle Hilfe sein durch die Vermeidung und Minimierung von Stress für Pferd und Reiter. Gelassenheit stellt als Ergänzung einen wichtigen Baustein im Ausbildungsprogramm eines jeden Pferdes dar.

1.12 Betriebsleiter

Die Anforderungen an Betriebsleiter steigen ständig. Kostendruck, Wettbewerb und immer anspruchsvollere Kunden verlangen ein Höchstmaß an Fachkenntnissen, Führungsqualitäten und menschlicher Stärke. Je besser die Haltungsbedingungen und die Trainingsangebote sind, von den Reitplätzen bis zu den Ausbildern, desto ausgeglichener und gelassener werden die Pferde. Die Besitzer und Reiter sind zufrieden. Dies spricht sich in Reiterkreisen schnell herum, zumal sich die Turniererfolge dieser Pferde in der Regel immer sehen lassen können.

Ein guter Betriebsleiter nutzt das Instrument der Gelassenheit bewusst aus, um seine Kunden zufriedenzustellen. Nicht nur die Pferde fühlen sich wohl, auch den Menschen gefällt es in gelassener Atmosphäre ohne Stress und laute Worte viel besser. Ist es doch meist die Freizeit, die wir im Stall verbringen. Ein gelassener Betriebsleiter zeigt Führungsqualität, ein Schreihals vertreibt die Kunden.

Merke:
Gelassenheit ist ein wichtiger Faktor im betrieblichen Erfolg.

1.13 Richter, Funktionäre, Veranstalter

Unser Sport wird schöner!
Stellen Sie sich eine Dressurprüfung vor, in der alle Pferde taktrein, losgelassen, leicht an der Hand, schwungvoll, gerade gerichtet und in einer ausdrucksstarken Versammlung gehen!
Oder denken wir an eine Springprüfung, in der die Pferde gleichmäßig galoppieren, körperlich und seelisch losgelassen sind, mit leichter Verbindung zur Hand springen, dynamischen Schwung entfalten, in sich gerade und in bestechender Manier gewaltige Höhen und Weiten überwinden!
Erinnert Sie diese Formulierung an etwas?

In der Ausbildung und in der Vorstellung von Dressurpferden hat die klassische Ausbildungsskala ihre Bedeutung nie verloren. In Richterseminaren wird immer mehr darauf hingewiesen, dass nicht nur auf die Korrektheit der Lektionen geachtet werden soll, sondern auch darauf, dass nie der Anschein von Zwang oder unnatürlicher Exaltiertheit hinter der Ausführung steht.

Was wir als Richter und auch als fachkundiger Zuschauer sehen wollen, ist die erhaltene Natürlichkeit und das Gefühl, dass das Dressurpferd kooperativ die ihm gestellten Aufgaben erfüllt. Dem Begriff Gelassenheit hat man in diesem Zusammenhang bisher zu wenig Aufmerksamkeit geschenkt.

Ist Losgelassenheit eine Eigenschaft, die nur von körperlichen Voraussetzungen abhängt? Ist Gelassenheit ohne Losgelassenheit möglich? Ich sage Nein, denn wie kann sich ein Lebewesen gelassen geben, wenn es in der Bewegung irgendwo spannt oder schmerzt.
Die Hauptkonzentration liegt dann immer auf dem Unwohlsein und nicht auf der entspannten Ausführung der Bewegung; und das müssen wir Richter erkennen.
Zudem ist die körperliche Belastung bei fehlender Gelassenheit wesentlich höher. Der Reiter fühlt sich auf einem gelassenen Pferd viel wohler und sicherer.
Das Zusammenleben mit dem Menschen soll dem Pferd immer Sicherheit und Geborgenheit vermitteln. Dann hat das Pferd in seiner Zukunft als Freizeit- oder Leistungspferd nie das Gefühl, es könnte etwas von ihm verlangt werden, was es nicht kann. Es behält die erforderliche Gelassenheit in – fast – allen Lebenssituationen.

STATEMENT UWE MECHLEM
OLYMPIARICHTER, EQUIPECHEF DER DEUTSCHEN DRESSURMANNSCHAFT,
ZAHLREICHE SIEGE IN DRESSUR UND SPRINGEN BIS ZUR KLASSE S

1.14 Richtig: Die Ausbildungsskala!

Wir brauchen keine neuen Reitlehren, keine Gurus oder Spezialisten im Sattel, deren Pferde nicht nachgeritten werden können. „Rollkur-Pferde" bzw. Pferde in der als Hyperflexion bezeichneten Halshaltung können nicht gelassen sein – das ist ein Widerspruch in sich, da diese Haltung eine Extremspannung der Muskulatur und der Wirbelgelenke darstellt!

Diese extreme Überdehnung nimmt den Pferden jede Möglichkeit zu sehen, was in ihrem Umfeld passiert. Zudem sind die Gelenke und die Muskeln „bis zum Anschlag" gedehnt! Selbst, wenn vereinzelte Erfolge diesem Ausbildungsweg scheinbar Recht geben, ich finde, dass wir damit den fairen Weg im artgerechten Umgang mit Pferden deutlich verlassen.

Wir brauchen mehr Gelassenheit und Kompetenz im Umgang und in der Ausbildung unserer Pferde. Mangelnde Gelassenheit blockiert Ausbildungserfolge und große Leistungen im Sport! Solide und gelassen ausgebildete Pferde können mehr, sind länger nutzbar und sind langfristig erfolgreicher. Und schöner anzusehen sind sie allemal als hektische, verspannte und gestresste Pferde.

Wenn ich ein Pferd so reiten müsste, um zu gewinnen, würde ich aufhören, Leistungssport zu betreiben!

Ausbildungsskala in der klassischen Reitweise	*Ausbildungsskala im deutschen Westernreiten*
Takt	*Takt*
Losgelassenheit	*Losgelassenheit*
Anlehnung	*Nachgiebigkeit*
Schwung	*Aktivierung der Hinterhand*
Geraderichten	*Geraderichten*
Versammlung	*Absolute Durchlassigkeit*

Die Losgelassenheit (körperliche und seelische!) ist in allen Ausbildungsskalen festgeschrieben. Es gilt daher in allen Reitweisen:

Merke:

Gelassenheit nützt Pferd und Mensch.

1.15 Pferdefreunde und Zuschauer – Unser Sport wird attraktiver

Publikumsmagnet Wasserhindernis – Michael Freund mit seinem Gespann bei der WM Aachen 2006

Matine unter Andreas Helgstrand – ein Traumpferd, leider nicht ganz gelassen

Unser Sport hat – gerade nach der so erfolgreichen Weltmeisterschaft in Aachen – unzählige Freunde in der ganzen Welt. Toller Sport, gewaltige Leistungen, Freude und Dynamik, das sind die Elemente, die in den Medien begeistern. Und doch sind sie nur ein kleiner Teil des gesamten Themas Pferdesport. Wer die Dressurprüfungen erlebt hat, der weiß, wovon ich spreche. Über 50 000 Besucher in der Aachener Soers sahen Pferde mit unglaublichem Bewegungspotenzial, die von den besten Reitern der Welt vorgestellt wurden. Und doch konnten wir alle erkennen, dass selbst in der Weltspitze Unterschiede in der Gelassenheit bestehen. Mit Erstaunen habe ich wie viele andere Zuschauer registriert, dass eines der weltbesten Dressurpferde nach einer grandiosen Vorstellung in der Ehrenrunde so unkontrollierbar wurde, dass es der Reiterin durchging und mithilfe der berittenen Polizei „gebremst" werden musste. Nach der Kür gar ritt die Siegerin sogar ein fremdes Pferd in der Ehrenrunde. Da wurde mancher Pferdekenner sehr nachdenklich.

Beeindruckend war die mentale Leistung der Pferde im Springfinale. Wie gelassen die meisten Pferde die so unterschiedlichen Reiter fast fehlerlos über den schweren Finalparcours trugen. Lediglich Shutterfly, das Pferd von Meredith Michaels-Beerbaum hatte Stress mit dem Umsatteln, denn jeder Finalteilnehmer durfte seinen eigenen Sattel verwenden. Und wie souverän die Pferde in der ersten und in der letzten Runde unter den „eigenen" Reitern gingen. Ein besseres Beispiel für erfolgreiche Gelassenheit und Harmonie zwischen Pferd und Reiter kann es nicht geben!

Gelassene Harmonie auf höchstem Niveau – Christian Ahlmann auf Cöster

Merke:

Gelassenheit bedeutet Souveränität und Perfektion, nicht - wie manchmal falsch verstanden - Schlaffheit, Mattigkeit oder mangelnde Mitarbeit!

Zugegeben, es ist für Zuschauer und Richter nicht immer ganz einfach zu erkennen, ob pferdesportliche Leistungen das Ergebnis solider Ausbildung oder das suspekter Spezialmethoden sind. Doch klar ist: Nur das korrekt ausgebildete Pferd ist auf Dauer erfolgreich – langfristig und konstant nur dann, wenn es auch gelassen ist.

Je gelassener Pferde im Sport sind, desto schöner und publikumswirksamer sind sie.

Wenn wir von gelassenen Pferden sprechen, erhalten wir oft verblüffende Kommentare! Für den einen ist es ein weidemüdes Pferd, für den anderen sein Traumpferd. Sehr unterschiedlich wird das Thema Gelassenheit diskutiert.

Bei den verschiedenen Reitweisen in Deutschland gibt es unterschiedliche Definitionen der Gelassenheit. Eventuell benötigen Pferde konträrer Einsatzrichtungen – wie das Vielseitigkeitspferd oder das Wanderreitpferd – sogar verschiedene Formen der Gelassenheit. Ohne eine solide Grundgelassenheit kommen sie aber beide nicht aus.

Bei uns in Reken ist Gelassenheit ein wichtiger Baustein unserer Ausbildungsmethoden für Pferd und Reiter. Das Training dazu beginnt bei den Menschen mit intensiven Gesprächen und der Analyse der Wünsche und Ängste. Auf dieser Kenntnis baut dann das individuelle „Gelassenheitstraining" der Reiter auf. Gymnastik, Trockenübungen am Holzpferd, Lernen in sehr kleinen Lernschritten und viele vertrauensbildende Maßnahmen führen zu einer Gelassenheit, ohne die Lernerfolge kaum möglich sind.

Das Gelassenheitstraining der Pferde beginnen wir mit der Arbeit am Boden. Pferd und Reiter erarbeiten sich dabei einen konstruktiven Respekt. Sie lernen, aufeinander zu reagieren und entwickeln neben den motorischen Fähigkeiten auch eine tiefe Harmonie. Körperliche Probleme erkennen wir in der Arbeit am Pferdekörper. Verspannungen und Muskelprobleme werden durch gezielte Maßnahmen verringert und beseitigt.

STATEMENT
JOCHEN SCHUMACHER/FS REITZENTRUM REKEN

1.16 Die größten Gewinner sind die Pferde

Eigentlich ist es ganz einfach, auf die Bedürfnisse der Pferde einzugehen und somit die Basis für eine ausgeglichene Gelassenheit zu schaffen. Gelassene Pferde verletzen sich deutlich weniger, lernen schneller und erkranken seltener, da viele Krankheiten auf Stress zurückzuführen sind. Die Lebensqualität wird verbessert, der körperliche und seelische Verschleiß ist geringer; dies wirkt sich auch auf die Nutzungsdauer aus. Warum das so ist, will ich in den folgenden Überlegungen darlegen.

Kapitel 2

Basis der Gelassenheit

2.1 Ansprüche von Pferd und Mensch

Ansprüche an die Pferde

Was erwarten wir von unseren Pferden? Als Freizeitreiter wünschen wir uns Pferde, die gesund, komfortabel zu reiten, einfach im Umgang sind und die all unsere Aktivitäten gelassen, willig und leistungsbereit mitmachen. Am besten natürlich über viele Jahre hinweg. Wir wollen stressfrei täglich Freude an und mit unseren Pferden haben. Ein hoher Anspruch, den wir aber durchaus befriedigen können.

Entspanntes Ausreiten in der Gruppe auf gelassenen Pferden

Der Autor Georg Fink und seine Stute Luna zufrieden bei der Siegerehrung

Wir Sportreiter erwarten neben den obigen Eigenschaften zusätzlich noch die körperliche und seelische Voraussetzung und die Bereitschaft, maximale Leistungen im Sport zu erzielen.
Auch die Ansprüche an Arbeitspferde – und die gibt es heute immer noch – sind hoch. Diese Pferde müssen gehorsam, willig, genügsam und natürlich gelassen sein. Kein Cowboy, kein Fiaker, kein Landwirt oder Waldarbeiter kann mit Pferden arbeiten, die nicht gelassen sind!
Der Pferdesport ist in seiner Vielfalt an Möglichkeiten, seinen machbaren Spitzenleistungen und seiner einmaligen Ausstrahlung sicher eine der schönsten Sportarten, die es gibt.

Ansprüche an den Menschen

Was erwarten unsere Pferde von uns?

Zunächst wünschen sie sich zu Recht eine Haltung, die den natürlichen Gegebenheiten so nahe wie möglich kommt. Bevor wir zu kritisch denken, müssen wir uns vor Augen halten, dass es vielen Pferden heute so gut geht wie noch nie. Natürliche Feinde wie Säbelzahntiger sind ausgestorben, Futter bringt der Mensch meist regelmäßig, ganze Teams an Fachleuten kümmern sich um das optimale Wohlbefinden. So gesehen haben wir schon viel erreicht.

Und trotzdem dürfen wir nicht vergessen, dass Pferde das eine oder andere gar nicht wollen oder benötigen, von dem wir meinen, dass es für die Pferde gut ist. Oft sollten wir uns besinnen, ob wir Grenzen nicht überschreiten. Aus Ehrgeiz, aus Unwissen oder einfach aus Unachtsamkeit.

Deshalb empfehle ich allen Pferdefreunden, sich ab und zu mit der Entwicklungsgeschichte des Pferdes zu befassen. Sie ist interessant und äußerst lehrreich und hilft in vielen Fällen, Lösungen für kleine oder große Probleme zu finden. In jedem Fall lernen wir, unsere Pferde besser zu verstehen, wie sie funktionieren und wie wir zufriedener und erfolgreicher im Umgang und im Sport werden können. In den folgenden Kapiteln erfahren Sie mehr darüber!

Leistung und Erfolg im Sport

Viele Sportreiter definieren Leistung über Platzierungen, Titel und Geldpreise. Sie sind ehrgeizig und leistungsorientiert. Der sportliche Erfolg steht im Focus des Handelns. Wie in jedem Leistungssport werden Grenzen gesucht und ausgetestet. Die Ausbildung des Pferdes, die Haltung, der Umgang, sprich alle Lebensfaktoren werden – zumindest aus der Sicht der Reiter – optimiert. Über das Wie gibt es viele unterschiedliche Meinungen und Vorstellungen. Es gibt nicht nur einen Weg! In sich konsequent betrieben gibt es teilweise recht unterschiedliche erfolgreiche Ausbildungswege. Gerade die alternativen Reitweisen haben den Horizont im Ausbildungswesen enorm erweitert. Der Sportreiter wird viel interessantes und anwendbares Wissen finden, wenn er sich mit dem Thema der Gelassenheit befasst. Vor allem wird es ihn interessieren, wie er mehr Gelassenheit seiner Pferde entwickeln kann!

Merke:

Es gibt keine guten oder schlechten Reitweisen, es gibt nur gute oder schlechte Reiter!

Hubertus Schmidt beim Training – Gelassen zum Erfolg!

Olympische Spiele Athen 2004 – Gold in der Dressur für Deutschland. V.l.n.r.: Hubertus Schmidt, Heike Kemmer, Ulla Salzgeber, Martin Schaudt

Leistungen im Freizeitbereich

Die meisten Freizeitreiter haben ganz andere Zielvorstellungen. Sie suchen das Vergnügen, die Nähe zur Natur, den körperlichen Ausgleich und die schönen sozialen Aspekte gemeinsamer Ritte. Die Leistungen des Freizeitpferdes umfassen die Gesundheit, den Komfort im Umgang und beim Reiten/Fahren. Wichtig sind auch die über Jahre und Jahrzehnte anhaltende Bereitschaft und Fähigkeit, ein starker Partner für den Menschen zu sein. Und dieser benötigt die Sicherheit, seinen Sport ohne Risiko bis ins hohe Alter zu betreiben.

Gelassene und gehorsame Pferde sind Voraussetzung, um den Reitsport im Freizeitbereich genießen zu können.

2.2 Warum ist gelassener Gehorsam so wichtig?

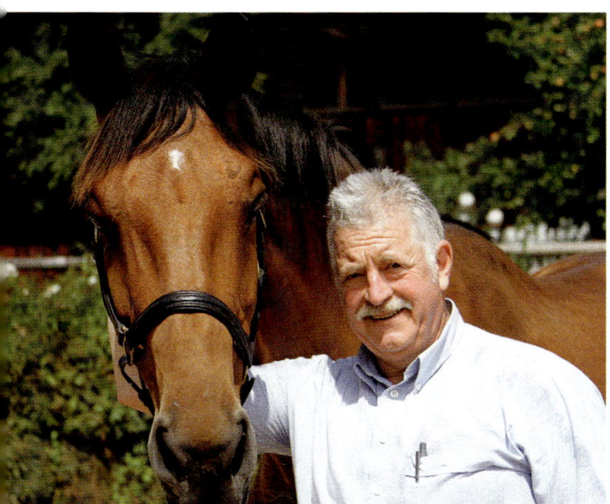

Bei aller Gelassenheit, die wir erzielen wollen, ist der Gehorsam als Basis erforderlich. Nur gehorsame Pferde können gelassen sein, da sie die Regeln des Zusammenlebens kennen und respektieren. Der Mensch als Leitfigur stellt die Regeln dieser Zusammenarbeit auf. Sie sind auch wichtigstes Element jeder Herden- und Gruppenhierarchie!

Respekt

Als Erstes muss sich der Mensch Respekt verschaffen. Dies ist kein Prozess, der mit Unterwerfung oder Unterdrückung zu tun hat, wie mancher vielleicht glauben möchte. Sich als Mensch Respekt zu verschaffen, bedeutet für das Pferd nichts anderes, als den Mensch als das ranghöhere „Tier"

Respekt und Vertrauen – und das Pferd wird zum zuverlässigem Partner

anzuerkennen. Dies ist ein lebenslanger Prozess, denn auch in der freien Natur wird die Rangordnung permanent neu reguliert. Ohne Respekt entwickeln Pferde sehr eigenständige Vorstellungen von Zusammenarbeit, meist entstehen große, oft unlösbare Probleme daraus. Respekt führt zu einem konstruktiven Gehorsam, Pferde werden zu Partnern des Menschen. Mangelnder Respekt ist gefährlich für Pferd und Mensch.

Vertrauen

Vertrauen entsteht auf der Basis von Respekt. Eine klare Führungsrolle des Menschen, ein konsequenter Umgang und eine für das Pferd verständliche Erziehung sind notwendig, damit das Pferd Vertrauen entwickeln kann. Der Mensch wird zum Sozialpartner, den das Pferd akzeptiert, respektiert und auf den es sich in jeder Lebenslage verlassen kann und verlassen muss. Je größer das Vertrauen zum Menschen ist, desto zuverlässiger werden die Pferde und desto mehr setzen sie sich auch für uns ein. Da Pferde selten im Herdenverbund leben, übernimmt der Mensch viele Aufgaben der Herdenbosse. Die Pferde müssen lernen, zum Menschen Vertrauen zu haben. Nur dann sind Pferde bereit, auch in schwierigen Situationen, die meist mit Stress verbunden sind, mit und für den Menschen die Situation in den Griff zu bekommen.

Harmonie

Das Ergebnis von **Respekt** und **Vertrauen** ist **Harmonie**. Wer Pferde über Jahre hinweg konsequent und ohne sie jemals zu enttäuschen hält und „führt", der weiß, wie groß diese Harmonie sein kann. Eines meiner besten Pferde, ein hochsensibler und leistungsstarker Holsteiner (Marlon x Cor de la Bryer, eine aus Züchtersicht sicher „heiße" Mischung), war über 24 Jahre an meiner Seite. Mondego war sehr selbstbewusst, schreckhaft und psychisch enorm stark. Es hat lange gedauert, bis ich den vertrauensvollen Respekt erreichen konnte. Wir hatten schwierige Phasen, in denen ich an meine Grenzen gekommen bin und oft am Verzweifeln war. Doch als wir diese beiderseitige Lernphase gemeistert hatten, haben wir für mehr als zwei Jahrzehnte eine wundervolle Harmonie gefunden. Noch mit 25 Jahren war dieses Pferd, das über 15 Jahre mit mir erfolgreich im Turniersport lief, mit Genuss zu reiten. Wir haben uns „blind" verstanden und konnten uns immer aufeinander verlassen. Dafür bin ich meinem Pferd ein Leben lang dankbar.

Mondego, 16-jährig mit Georg Fink in einem M-Springen

Merke:

Gelassenheit ist eine wichtige emotionale Brücke zwischen Pferd und Mensch:
Respekt + Vertrauen = Harmonie

2.3 Stress kontra Gelassenheit

Bevor wir uns Gedanken über eine Definition der Gelassenheit machen, sollten wir über Stress sprechen, denn „Stress ist der natürliche Feind der Gelassenheit". Stress bedeutet im Englischen „Belastung"!

Stress ist immer ein Zustand jenseits der Gelassenheit, in dem Hormone in Sekundenbruchteilen Reaktionen hervorrufen, die in der Natur das Überleben sicherten, in der heutigen Zeit aber oft stören oder sogar gefährden. Dies gilt für Pferde und Menschen – beide sind ausgesprochen stressempfindlich. Das macht es nicht immer leicht in der Zusammenarbeit.

Was stört die Gelassenheit?

Merke:

Menschen sind Höhlenbewohner, Pferde sind Steppenbewohner. Sie reagieren daher sehr unterschiedlich und haben sehr gegensätzliche Grundbedürfnisse!

Wie reagieren wir Menschen?

Pferde und Menschen waren in ihrer Entwicklungsgeschichte immer darauf angewiesen, Gefahren zu entgehen. Das ist aber schon eine der wenigen Gemeinsamkeiten. Zur Lösung der Probleme haben Pferd und Mensch hervorragende, jedoch völlig unterschiedliche Reaktionsmechanismen entwickelt.

Der Mensch sucht stets „intelligente" Lösungen durch Verstecken, Tricksen, Aktionen oder Technologien. Er fühlt sich in Höhlen wohl und benötigt Schutz und Geborgenheit. Er ist ein „Höhlenbewohner", so fühlt er sich, so schützt er sich und so haben sich seine Grundbedürfnisse entwickelt!

Wie reagieren Pferde?

Das Pferd ist aufgrund seiner Entwicklungsgeschichte ein Steppenbewohner. Informationen werden frühzeitig erkannt und bei Gefahr ohne „Zwischenschaltung" eines Denkprozesses in eine Flucht- oder Vermeidungsreaktion umgesetzt. Auslöser sind Hormone, die diese Verhaltensweisen steuern. Diese Reaktionen sind genetisch verankert und dienen alleine dem Überleben.

Nestflüchter Pferd – Camarguestute mit Fohlen

Heute sind diese Reaktionsmechanismen sicher nicht mehr so notwendig, sie sind aber immer noch so fest fixiert, dass sie uns manchmal erhebliche Probleme verursachen. Deshalb ist Gelassenheit auch ein Ausbildungsziel, um den Fluchttrieb zu begrenzen und beherrschbar zu machen!

Auch Glücksgefühle werden durch Hormone gesteuert. Bei Pferden dienen sie unter anderem dem Erhalt der Rasse. „Im Rausche der Sinne", diesen Begriff versteht jeder, der Hengste im Natursprung erlebt.

Wie funktioniert das alles?*

Nachfolgend einige Informationen, die den Zusammenhang recht anschaulich erklären.

*** Quelle: Mary A. Simonds und Dr. Dorothea Meyer. „Stress bei Pferden. Erkennen und Behandeln." Franckh-Kosmos, Stuttgart 2007; Thorsten Dargatz. „Anti-Stress Programm." Sportinform Verlag, München 1995**

Was passiert im Körper

Negativer Stress = Distress = Dauerstress

Negativer Dauerstress entsteht immer dann, wenn die stressauslösenden Faktoren oder eine belastende Situation über eine längere Zeit auf den Körper und die Seele einwirken, ohne dass Erholungsphasen diese kompensieren können. Dieses Ungleichgewicht verbraucht Energiereserven. Wenn diese aufgebraucht sind, geht es an die Substanz. Eine hohe Alarmbereitschaft, angespannte Nerven und zu wenig Regeneration führen zu chronischer Erschöpfung, Burn-out-Syndrom und Erkrankungen. Die Ursachen liegen in permanent hohen körperlichen und seelischen Belastungen. Stress macht krank!

Mehrere Stresssysteme sind an diesen Reaktionen beteiligt:

- Im Sympathikus wird das Adrenalin produziert.
- Hypophyse und Hypothalamus steuern die Hormonproduktion in der Nebenniere.
- Der Körper produziert das „Antistresshormon" (Endorphin).

Kurzfristig erfolgt eine deutliche Leistungssteigerung. Langfristiger Dauerstress schadet dem Pferd.

Wird Kortisol durch Dauerstress zu lange produziert, schädigt es viele Systeme im Körper. Die Folgen sind Magengeschwüre, Bluthochdruck, Nervosität, Unwohlsein. Im Extremfall führt Distress zum Kreislaufkollaps und zum Tod.

Pferde verfügen über eine natürliche Stressbewältigung: Sie gehen, ja schlendern umher, beschäftigen sich mit Artgenossen, knabbern am Futter oder Holz oder beschäftigen sich sonst wie. Fehlen diese Möglichkeiten, wird der Stressabbau verhindert und neuer Stress produziert.

Positiver Stress = Eustress = Kurzbelastung

Bei Stress schüttet der Körper vermehrt Adrenalin und Kortisol aus. Der Blutdruck steigt, der Puls wird schneller, die Atemfrequenz ist erhöht, die Schmerzempfindlichkeit geht zurück. Das Immunsystem wird gebremst. Die Motorik läuft auf Hochtouren, die Sinne sind bis zum Anschlag gespannt!

Alle Energien werden für Kampf und Problemlösung bereitgestellt. Diese Energien fehlen dem Körper jedoch für aufbauende oder regenerierende Prozesse. Handelt es sich um einen kurzzeitigen Prozess, so dient es der Leistungssteigerung, der Lösung besonderer Probleme oder gar dem Überleben („Angst verleiht Flügel").

Eustress entsteht durch das Zusammenwirken der Hormone Adrenalin, Noradrenalin und Kortisol, die die Produktion körpereigener Endorphine anregen. Diese werden auch als Glückshormone bezeichnet. Und die versetzen den Geist in einen emotional positiven Zustand, ja in einen wahren Glücksrausch.

Sportarten wie Bungeespringen, Hochgeschwindigkeitsrennen oder Downhill Racing versetzen die Menschen durch den Adrenalinkick in einen Zustand der extremen Euphorie.

Gruppenerlebnis

Kollektive Flucht, gemeinsames Galoppieren in der Gruppe (Rennen, Jagd etc.), Wettkampfatmosphäre und reiterliche Einwirkungen können Pferde in diesen emotionalen Zustand versetzen. Manche Pferde entwickeln einen großen Ehrgeiz im Sport – dies führt zur Hormonbildung und den damit verbundenen Wirkungen!

Dies nutzen wir im Leistungssport durchaus ganz bewusst. Denn daraus entsteht die Dynamik, die wir im Rennsport und im klassischen Hochleistungssport kreativ nutzen. Ohne das raffinierte Wechselspiel der Hormone wären diese Leistungen unerreichbar.

Merke:

Stress ist ein natürlicher Vorgang, der positiv und negativ wirken kann. Pferd und Mensch müssen lernen, damit sinnvoll umzugehen.

Dynamische Spannung im Rennsport

Pferde reagieren auf Stress sehr unterschiedlich!
Neben klinischen Methoden erkennen Fachleute Stress vor allem im Kot: Forscher (Erich Möstl* u.a., Animal Reproduction Science 1996) haben entdeckt, dass Stress nachweisbar ist. Und zwar entsteht aus dem rasch zerfallenden Stresshormon Kortisol ein Sekundärmolekül namens 11,17 Dioxoandrostan. Dies wird als „Fahrtenschreiber für Stress im Darm" bezeichnet. Stress ist also messbar und man erkennt sofortige und verspätete Reaktionen im Pferdekörper. Im Blut kann Stress über den gestiegenen Kortisolspiegel und die gesunkene Anzahl der weißen Blutkörperchen nachgewiesen werden. Kortisol zerfällt deshalb so rasch, da die damit verbundenen Informationen gelöscht werden. Ansonst kommt es zum Dauerstress!

2.4 Woran erkenne ich, dass mein Pferd unter Stress leidet?

Stress wird immer durch Warnsignale gezeigt. Je eher wir diese erkennen, desto besser können wir etwas dagegen unternehmen. Da Pferde sehr unterschiedlich auf Stress reagieren, sollten wir unsere Pferde genau beobachten, den Normalzustand registrieren und jede Veränderung im Verhalten und im Gesundheitszustand erkennen und nach den Ursachen suchen.

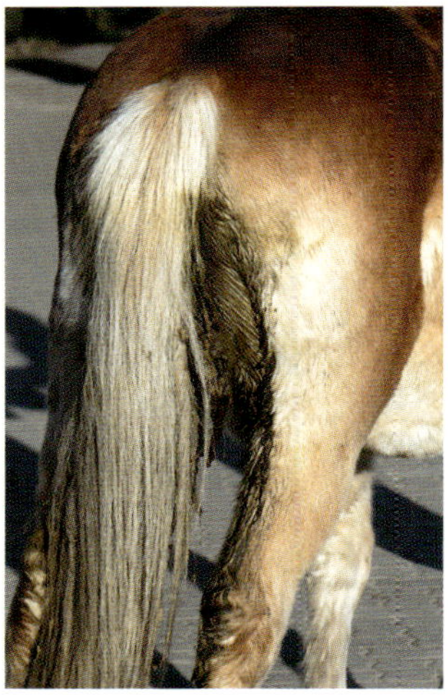

Durchfall

Stimmungsänderungen

- Aggression (Unmutsgesten, Ohren anlegen, Attacken)
- Apathie (Lustlosigkeit, wenig Reaktionen, Pferd wirkt stumpf)
- Panik (Schreckhaftigkeit, Pferd „steht ständig unter Strom")

Gesundheitliche Veränderungen

- Dauerdurchfall (Stress beeinflusst das vegetative Nervensystem)
- Hautleiden (Juckreiz, Haarausfall, Schuppen, fehlender Glanz)
- Infektionen (gesamte Schwächung des Immunsystems)
- Magengeschwüre (gestiegene Säureproduktion, verengte Blutgefäße in der Magenschleimhaut)
- Parasiten (Anfälligkeit gegen Würmer, Milben, Haarlinge, Läuse)
- Schlechte Wundheilung (z.B. bei Schmerzen, deutlich verlangsamt)
- Koliken (typische Stresskolik bei Überbeanspruchung)
- Schwerfuttrigkeit (erhöhter Stoffwechsel und Energieverbrauch)
- Verspannungen (verkrampfte Muskeln, angespannte Haltung)

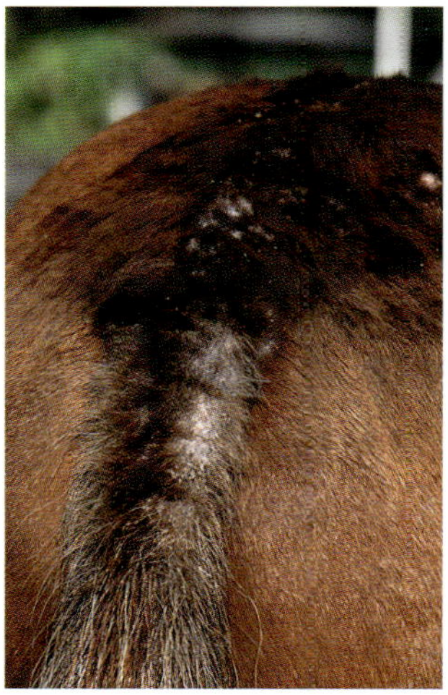

Schweifscheuern

* **Prof. Erich Möstl arbeitet als Dozent an der Veterinärmedizinischen Fakultät der Universität Wien, Abteilung Biochemie.**

Merke:
Das Pferd zeigt immer, wenn es Stress hat. Die Symptome dürfen nicht unterdrückt werden (Kopperriemen, Anbinden), die Ursachen müssen ermittelt und beseitigt werden.

Verhaltensänderungen = Stereotypien

Diese werden oft irrtümlich als „Untugenden" bezeichnet. Tatsächlich sind es verzweifelte Hilferufe. (Mehr dazu im Kapitel „Seelische Erkrankungen".)

Innere Gelassenheit

Als Ergebnis einer Entwicklungsgeschichte, die mehr als 50 Millionen Jahre gedauert hat, haben Pferde eine ganz besondere Gelassenheit entwickelt. Ich bezeichne sie als die innere Gelassenheit.

Wie kaum ein anderes Tier können sich Pferde gelassen auf neue Lebenssituationen und neue Umfeldeinflüsse einstellen. Sie reagieren, wenn man ihnen die Möglichkeit auf Erkundung gibt, meist abwägend und gelassen, selten panisch. Pferde haben gelernt, Neues zu erkennen, es zu beurteilen und zu verarbeiten. Natürlich ist die innere Gelassenheit nicht bei allen Pferden gleich. Es gibt – je nach Veranlagung – Pferde (und Menschen) mit unterschiedlicher innerer Gelassenheit. Dies sollten wir beim Kauf eines Pferdes, bei der Ausbildung und im täglichen Umgang stets berücksichtigen. Pferd und Mensch sollten von ihrer inneren Gelassenheit zueinander passen. Die innere Gelassenheit ist in den Anlagen fixiert, wir können sie nicht ändern!

Äußere Gelassenheit

Neben der inneren Gelassenheit können wir Pferde (und Menschen) in ihrer äußeren Gelassenheit trainieren. Der Verhaltensforscher spricht von Konditionieren. Wir lehren Pferde und Menschen, mit neuen Situationen, Einflüssen und Reizen stressfrei klarzukommen. Diese Reaktionsmechanismen lassen sich zu einem gewissen Maß trainieren. Wie wir wissen, können wir Pferde durch Konditionierung an viele Umweltreize gewöhnen, sie werden zunehmend gelassener, je besser sie verstehen, auch unbekannte Situationen zu verarbeiten. Es entsteht eine neue, durch Training erworbene Gelassenheit. In diesem Buch zeigen wir eine ganze Reihe von Übungen und Lernschritten, die Pferde und als Wechselwirkung auch uns Menschen gelassener machen.

Künstliche Gelassenheit

Von künstlicher Gelassenheit sprechen wir, wenn Pferde scheinbar gelassen reagieren. Dies ist Folge strenger erzieherischer Maßnahmen, es ist erzwungener Gehorsam auf die Disziplinierungsmaßnahmen der Menschen. Der Zuschauer am Turnierplatz ist oft erstaunt, wie scheinbar „gelassen" Pferde sind, während der Reiter das Gefühl hat, dass er auf „einem Pulverfass" sitzt.

Mitunter ist diese künstliche Gelassenheit auch das Ergebnis unerlaubter Substanzen oder Methoden. Das Thema Doping ist leider auch im Pferdesport präsent.

Mir ist ein Reitstall bekannt, in dem Beruhigungsmittel im täglichen Training eingesetzt werden. Die Reiter haben einfach Angst, sich auf ein „nicht eingestelltes Pferd" zu setzen.
Obwohl verboten, wird, wie positive Kontrollergebnisse beweisen, auch im Leistungssport vereinzelt mit unerlaubten Substanzen gearbeitet. Unter anderem, um Pferde künstlich zu beruhigen.

Dies alles ist unerlaubt und dem Pferd gegenüber unreell. Dagegen müssen wir kämpfen, denn nichts ist mehr zu verurteilen als scheinbare sportliche Erfolge oder die unreelle Nutzung von Pferden, die durch Medikamenteneinsatz zu Leistungen gebracht werden, die sie sonst nicht erbringen würden oder erbringen könnten.

Merke:
Doping an Pferd und Mensch ist Betrug.

Das gilt nicht nur für die Pferde, sondern auch für die Reiter/Fahrer, die meinen, durch unerlaubte Maßnahmen die sportliche Leistung steigern oder die Nerven beruhigen zu müssen!

Chancen und Grenzen

Natürlich ist das Thema Gelassenheit nicht der einzige Schlüssel zum Erfolg. Aber ein wichtiger, davon bin ich überzeugt. Wenn wir uns intensiv mit dem Thema befassen, haben wir große Chancen, auf fairem und vor allem erlernbarem Weg die Qualität im Umgang und in der Nutzung der Pferde zu verbessern. Das gilt für den Sportreiter ebenso wie für den Freizeitreiter. Natürlich auch für den Fahrer, denn gerade er benötigt leistungsbereite Pferde mit einer soliden Gelassenheit! Wenn wir in diesem Buch von Reitern sprechen, sollten sich bitte auch immer die Fahrer angesprochen fühlen!

Merke:
Wir müssen unsere Pferde besser verstehen und deren Reaktionen „vorausberechnen“ - egal was auf uns zukommt!

Das Training und die Schulung der Gelassenheit müssen immer einhergehen mit einer umfassenden Qualitätsverbesserung aller Einflussfaktoren. Gelassenheit ist kein Allheilmittel, aber sie macht vieles einfacher, Lernerfolge kommen schneller und die Reibungsverluste auf dem Weg zum Erfolg werden kleiner.

Lernen wir die Reaktionsmechanismen unserer Pferde kennen, so unterschiedlich diese auch sein mögen. Die einen reagieren durch panische Flucht, die anderen erstarren, verkrampfen total die Muskulatur und reagieren auf nichts mehr.

Aufmerksamkeit

Neugierig, aber etwas angespannt

Misstrauen – Drohen

Panisch – ängstlich

Aggressiv

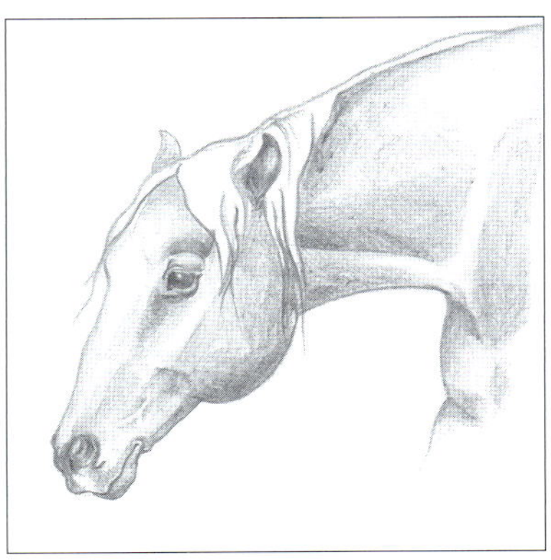

Apathisch

Entspannt orientiert

Pyramide der Gelassenheit

So wie es eine Ausbildungsskala gibt, so können wir auch eine Skala der Gelassenheit definieren, deren Form an eine Pyramide erinnert. Sie macht es sehr anschaulich, welchen ausbalancierten Zustand wir unter echter Gelassenheit verstehen. Diese ist ein Mittelwert zwischen Apathie und Panik, ein seelischer und körperlicher Zustand, in dem bei einem Minimum an reiterlichem Aufwand ein Maximum an sportlicher Leistung erzielbar ist. Und das bedeutet einen möglichst geringen Verschleiß an Körper und Seele von Pferd und Reiter.

Ziel ist immer, das Pferd auf den optimalen Bereich der aufmerksamen Gelassenheit einzustellen. Dies ist die Grundlage, aus der sich die im Sport benötigte dynamische, also positive gewünschte Spannung oder besser Anspannung entwickeln lässt!

Die beiden unteren Säulen der Pyramide stellen die negativen Bereiche Apathie und Panik mit ihren Zwischenformen dar. Der Mittelbereich ist der optimale Bereich der aufmerksamen Gelassenheit = Idealzustand im Normalfall der Nutzung. Die Spitze der Pyramide zeigt die positive, dynamische Situation für den Leistungssport!

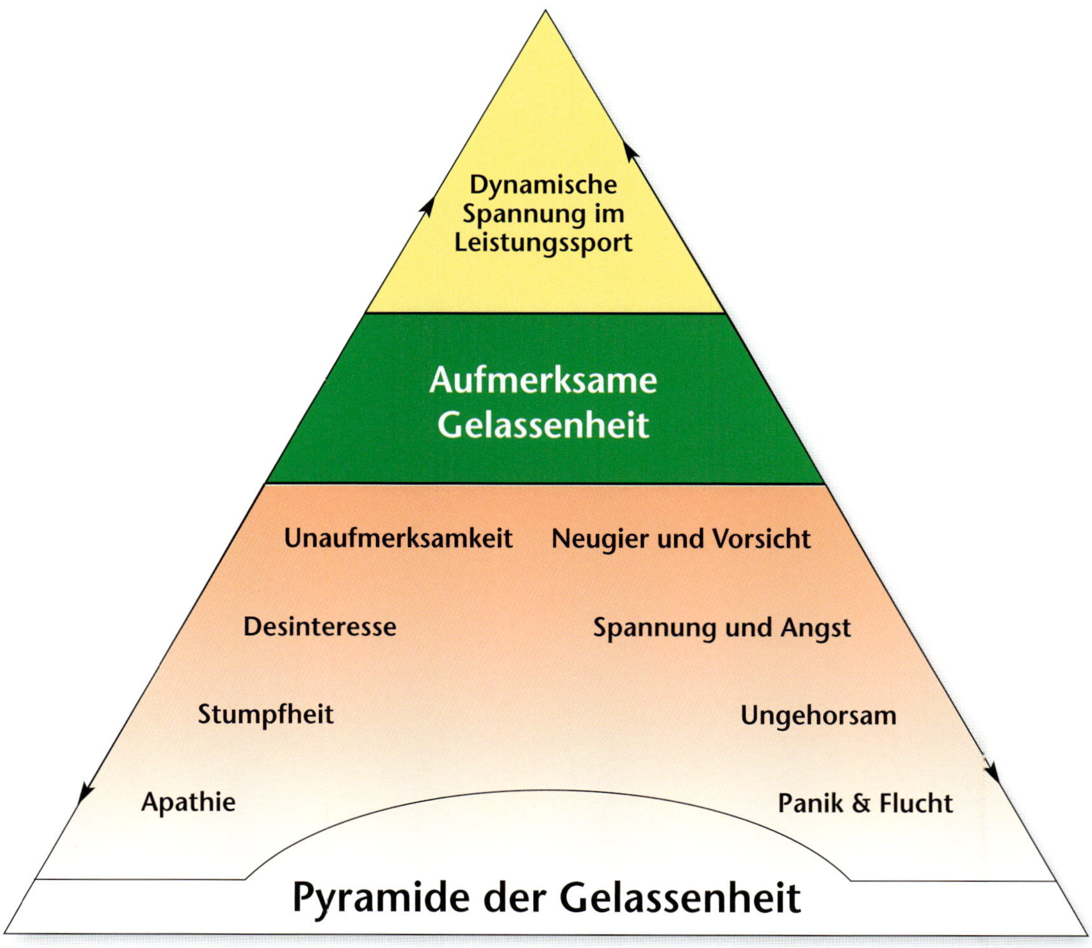

2.5 Pferde besser verstehen – Der Ursprung der Gelassenheit

Lassen Sie uns über den ursprünglichen Lebensraum nachdenken. Denn nur dann sind wir in der Lage, die Reaktionsmechanismen der Pferde zu verstehen und sie für uns einzusetzen! Schon vorab sei betont: Pferde haben Eigenschaften, die sich über viele Millionen Jahre entwickelt haben und die so einzigartig sind, dass man nicht oft genug darauf hinweisen kann! Pferde sind Multitalente wie kein anderes Tier!

Wie haben Pferde gelernt, gelassen zu sein?
Die Fähigkeit, gelassen zu reagieren, haben Pferde in über 50 Millionen Jahren ihrer Geschichte entwickelt. Als hochspezialisiertes Fluchttier, zu dem es im Laufe der Evolution geworden ist, musste es unendlich viele Entscheidungen treffen. Im Prinzip ging es immer darum, zu prüfen, ob eine Information eine Gefahr darstellt oder nicht. Informationen waren alles, was im Umfeld der Pferde vorkam: Tiere, Pflanzen, Wasser, Wetter etc.

Merke:

Pferde treffen spontane Entscheidungen nicht aufgrund rationaler Überlegungen, sondern aufgrund von vorhandenen und erlernten Reaktionsmechanismen.

Pferde haben sich deshalb nicht zu einem „blinden, panischen Flüchter" entwickelt, das hätte sehr schnell zur vollkommenen Ausrottung geführt. Vielmehr ist das Pferd wie kein anderes Tier in der Lage, in Bruchteilen einer Sekunde zu prüfen, ob wirklich eine Gefahr droht oder nicht. Es erkundet die Situation mit allen Sinnen und trifft dann seine fundierte Entscheidung. Dieser Prozess zwischen der Wahrnehmung einer möglichen Gefahr und der Entscheidung, wie sich das Pferd verhalten muss, läuft so schnell ab, dass es für uns Reiter oftmals zu einem einzigen Vorgang verschmilzt. Diese Fähigkeit ist in Perfektion entwickelt und in allen Pferden tief verwurzelt.

So unterschiedlich reagieren Pferde!

Fotos entnommen aus: Isabelle von Neumann-Cosel. „Wenn Pferde sprechen könnten ... sie können!" FNverlag, Warendorf 2005

Dies ist die große Chance, als Ausbilder, Reiter und Pferdehalter auf Pferde erzieherisch und gestalterisch einzuwirken. Natürlich haben wir keinen Einfluss auf die Grundstrukturen. Die haben sich in den vielen Millionen Jahren der Evolution entwickelt. Diese sind auch heute noch in jedem Pferd vorhanden, das dürfen wir nie vergessen. Die geradezu lächerlich geringe Zeitspanne, in der wir uns mit Pferden befassen – wir sprechen von 5000 Jahren der Domestikation – reicht nicht aus, die Urreaktionen zu verändern.

Merke:

Gelassenheit ist zu einem guten Teil trainierbar. Nutzen wir diese Chance mit unserer Intelligenz!

Da das Pferd aber die tolle Eigenschaft hat, zusätzliche Erfahrungen zu machen, zu speichern und bei Bedarf abzurufen, können wir Pferde so gut ausbilden. Nicht nur im Bereich der motorischen Leistungen, sondern auch und gerade im Bereich der mentalen Reaktionen ist Ausbildung möglich.

Prägungen des Pferdes

Die Entwicklungsgeschichte hat die Pferde auf dreifache Weise geprägt:

- Die Entwicklung der arttypischen Verhaltensweisen
- Die Entwicklung der rassetypischen Verhaltensweisen
- Die Entwicklung des Individualverhaltens

Arttypisches Verhalten

Darunter sind alle Verhaltensweisen zu verstehen, die mit der Spezies Pferd zusammenhängen und sich im Laufe der Evolution entwickelt haben. Alle Grundeigenschaften sind arttypisch.

Rassetypisches Verhalten

Durch die unterschiedlichen Standorte der Entwicklungsgeschichte haben sich verschiedene Pferdetypen entwickelt. Der Mensch als Züchter hat zudem durch gezielte Selektion viele unterschiedliche Rassen gezüchtet. Allen gemeinsam ist das arttypische Verhalten.

Welsh und Warmblut

Isländer

Quarter und Paint Horses

Belgisches Kaltblut

Es würde den Umfang und die Zielsetzung dieses Buches sprengen, wenn wir auf die rassetypischen Unterschiede eingehen würden. Dafür gibt es genug Fachliteratur und hervorragende Experten der einzelnen Rassen.

Die rassetypischen Eigenschaften sehen wir in den unterschiedlichen Größen, Farben und differenzierten Wesensmerkmalen. Rassetypisch ist zum Beispiel die Töltveranlagung bei Islandpferden.

Individualverhalten

Neben dem arttypischen Verhalten und den unterschiedlichen Ausprägungen der Rassen entwickeln sich Pferde auch als Individuum sehr unterschiedlich. Die Umgebung, der Boden, das Management und die Ausbildung wirken sich stark auf das Erscheinungsbild der Pferde aus. So entwickeln sich Haflinger auf den kargen Böden der Südtiroler Gebirgslandschaft anders als ihre Geschwister auf den weichen Böden des Holsteiner Seenlandes. Gleiches kennen wir von den Trakehnern, die sich je nach geografischer Lage individuell entwickelt haben!

Das müssen wir immer beachten, denn Pferde müssen zwar nach den bekannten Grundkenntnissen versorgt, behandelt und ausgebildet werden. Die Individualität ist jedoch jedem Pferd eigen und muss von uns Pferdehaltern, Reitern und Ausbildern respektiert und berücksichtigt werden.

50 Millionen Jahre Entwicklungsgeschichte

50 Millionen Jahre sind eine unvorstellbar lange Zeit. Wie viele andere Tierarten sind zwischenzeitlich ausgestorben? Das Pferd hat durch seine ausgeprägten Eigenschaften die einmalige Fähigkeit entwickelt, auch unter ungünstigsten Bedingungen zu überleben.

Unsere eigene Entwicklungsgeschichte ist untrennbar mit der Geschichte der Pferde verbunden. Auch wenn wir „nur“ 5000 gemeinsame Jahre haben.

Camarguepferd

Dülmener Wildpferde

Mongolisches Wildpferd

5000 Jahre Domestikation

Gemessen an der gewaltigen Zeitachse der Entwicklungsgeschichte sind die gerade mal 5000 Jahre der Domestikation, d.h. der Umwandlung vom Wildpferd zum Nutztier (Einsatz im Dienst des Menschen) und Hauspferd (Haltung in Gemeinschaft mit dem Menschen) extrem kurz. Auf jeden Fall zu kurz, um die genetisch fixierten Urbedürfnisse zu verändern oder gar zu vernichten. Der Mensch hat das Pferd zwar durch gezielte Zucht und Auslese modifiziert, in seinen Grundstrukturen ist es aber noch eindeutig geprägt von seinen Ursprüngen.

*Wie haben wir die Pferde in den letzten 5000 Jahren verändert?**

- Pferde sind weniger aggressiv und weniger misstrauisch als die Wildpferde.
- Pferde sind sehr viel unterschiedlicher in Größe, Erscheinung und Spezialfähigkeiten.
- Pferde sind weniger hart, verletzen sich öfter und sind empfindlicher gegen Krankheiten.
- Pferde haben sich zunehmend an Menschen gewöhnt.
- Pferde kommen heute auf allen Erdteilen vor, echte Wildpferde gibt es keine mehr. Rückzüchtungen und Auswilderungen kommen aber den ursprünglichen Wildtypen sehr nahe.

Noch keine 100 Jahre moderne Reitlehre

Mit der Heeresdienstvorschrift Nr. 12 Anfang des letzten Jahrhunderts beginnt die Zeit, in der wir von der moderner Reitlehre sprechen. Daraus haben sich die Richtlinien für Reiten und Fahren entwickelt, die bis heute die Grundpfeiler des deutschen Pferdesportes definieren.

Natürlich hat der Dressursport seine Wurzeln bei den großen Altmeistern der Antike und des Hochmittelalters. Allgemein gültig und damit Basis des vergleichenden Wettkampfsportes ist die heutige Reitlehre aber noch keine 100 Jahre. Dies gilt auch für den Springsport, der seine Ursprünge in der revolutionären Lehre von Caprilli hat. Der italienische Kavallerieoffizier hat das Reiten und Springen im leichten Sitz entwickelt. Auch wenn sich in den letzten Jahren viele neue Richtungen und Reitweisen entwickelt haben, bei genauer Betrachtung basieren sie fast alle auf denselben Grundlagen wie der klassische Reitsport.

Noch keine 50 Jahre moderne Pferdehaltung

Über Jahrtausende wurden Pferde relativ gleich gehalten. Aus Kostengründen und aus Gründen der ständigen Verfügbarkeit lebten Arbeits- und Dienstpferde überwiegend in Anbindeständern. Pferde waren preiswert, wurden überall gezüchtet und konnten leicht ersetzt werden. Der Zusammenhang zwischen guter Haltung und langer Einsatzdauer war nicht jedem Pferdebesitzer bewusst.

* Quelle: Dr. Margit Zeitler Feicht. „Handbuch Pferdeverhalten", Ulmer Verlag, Stuttgart 2001

Natürliche Haltung in Gruppen und Herden findet man in dieser Epoche fast nur in bäuerlichen Zuchtbetrieben und in Gestüten für die Haltung der Stuten und die Aufzucht der Jungtiere.

Moderne Paddockboxen = optimale Einzelhaltung

Liegen in Brustlage
im Offenstall

Merke:

Was hat sich an den Urbedürfnissen der Pferde geändert? Gar nichts, außer, dass wir sie besser verstehen und mit unserer Intelligenz besser ausnutzen können!

Erst in den 70er-Jahren des letzten Jahrhunderts hat sich die Pferdehaltung grundlegend geändert. Die Ständerhaltung verschwand allmählich fast völlig, vielfach ist sie bereits – völlig zu Recht – verboten. Ständerhaltung schadet den Pferden psychisch und physisch. Aus den kleinen Innenboxen haben sich inzwischen großzügige Paddockboxen entwickelt. Die Gruppenhaltung für Pferde aller Rassen, Reitweisen und Einsatzzwecke begann ihren Siegeszug. Noch heute finden wir jedoch Ställe, die nicht mehr den anerkannten Ausführungsempfehlungen entsprechen.

Heute gehen wir viel bewusster auf die Bedürfnisse der Pferde ein. Wissenschaftliche Untersuchungen formulieren konkrete Forderungen an Haltung, Umgang und Umweltgestaltung. Noch nie haben sich Pferdehalter so intensiv mit Fragen der Haltung auseinandergesetzt wie heute!

So sah die Urheimat unserer Pferde aus

Landschaft	Steppe, Trockentundra, Halbfeuchtgebiete, Wüsten, flache bis mittlere Gebirgszüge. Die Landschaften waren weitläufig mit großen Blickachsen und mehreren Fluchtrichtungen. Einen einheitlichen Lebensraum gab es nicht, Pferde mussten sich auf nahezu alle Verhältnisse einstellen. Selten wurden Pferde in Wäldern lokalisiert.
Klima	Trocken bis mittelfeucht, große Temperaturschwankungen, stark wechselnde Windverhältnisse, schnelle Klimaveränderungen, Hitze, Nässe auch über längere Perioden wurden von Pferden ertragen.
Flora	Gras, Trockengras, Büsche, einzelne Bäume, lockere Waldränder, Wildgetreidearten
Fauna	Viele Tierarten teilten sich den Lebensraum.
Wasser	In erreichbarer Nähe, bis zu einem Tagesmarsch entfernt
Feinde	Raubtiere, Moskitos, Schlangen
Gefahren	Tiere, Trockenheit, Futterknappheit, Stürme, Krankheiten

In dieser Urlandschaft haben sich die Pferde zu dem entwickelt, was sie auch heute noch sind: **hoch spezialisierte Fluchttiere ohne Verteidigungs- oder Angriffswaffen.**

Das Überleben der Spezies Pferd ist alleine auf die vielen hervorragend ausgeprägten Eigenschaften der Pferde zurückzuführen – und auf die Nutzung durch den Menschen in den letzten 5000 Jahren.

KAPITEL 3

Grundbedürfnisse der Pferde

Mit der Beschreibung der Grundbedürfnisse soll dringend auf die Folgen hingewiesen werden, die entstehen, wenn diese Grundbedürfnisse nicht gedeckt werden! Die in Kurzform dargestellten Grundlagen sind von großer Bedeutung, wenn wir Wege suchen, die Gelassenheit der Pferde zu verbessern.

Bedarf des Pferdes	Bedarfsbefriedigung

Pferde leben am besten in der Balance zwischen den Grundbedürfnissen und der Befriedigung dieser Bedürfnisse. Ein Zuwenig oder Zuviel bringt sie aus der Balance. Es kommt zu seelischen und körperlichen Reaktionen, auch als Stress bezeichnet, die bei Überschreiten der natürlichen Toleranzen zu Erkrankungen und Verhaltensstörungen führen.

Merke:

Die Gelassenheit eines Pferdes ist ein sehr wichtiger Indikator für den seelischen und körperlichen Zustand der Pferde.

Indikator Gelassenheit

Gestörte Balance in einem oder mehreren Lebensbereichen wirkt sich in erster Linie auf die Gelassenheit aus. Erst dann kommt es zu Veränderungen im Verhalten, im schlimmsten Fall zu körperlichen und seelischen Erkrankungen. Als Pferdefreund müssen wir bereits bei den ersten Anzeichen aufmerksam werden, um Schäden und Kosten zu vermeiden.

Gelassenheit beim Pferd aus Sicht der Ethologie

Der Begriff „Gelassenheit" umfasst zum einen angeborene, zum anderen erworbene Eigenschaften. Pferde sind evolutionäre Fluchttiere. Angst zu haben bzw. schreckhaft zu sein, ist für sie arttypisch und sicherte ihnen im Laufe der Evolution das Überleben. Das unterscheidet sie grundsätzlich von Beutegreifern. Es wäre falsch, ein Pferd wegen seiner Fluchtreaktion als feige zu erklären. Pferde sind keine Jäger so wie beispielsweise Katzen, die stehen bleiben, weil ein Geräusch sie interessiert. Diese arttypische Eigenschaft trifft für alle Pferde zu. Darüber hinaus gibt es noch genetisch bedingte, individuelle Unterschiede im Ausmaß der Ängstlichkeit.

Die Fluchtreaktion ist beim Pferd genetisch tief verankert. Sie erfolgt nach einem „Angeborenen Auslösenden Mechanismus" (AAM). Durch Erfahrungen kann die Reaktion des Pferdes auf angsteinflößende Situationen im positiven wie im negativen Sinne verändert werden. Ihr Verhalten wird dann von dem „Erworbenen und Angeborenen Auslösenden Mechanismus" (EAAM) bestimmt. Beim Umgang mit Pferden, besonders bei ihrer Ausbildung, muss dieses angeborene Verhalten berücksichtigt werden. Pferde wegen einer Schreckreaktion zu strafen, wäre der falsche Weg. Strafe steigert

nur noch ihre Angst. Der richtige Weg in der Ausbildung ist die langsame, schrittweise Gewöhnung, immer in Kombination mit positiver Verstärkung. Auf diese Weise kann man viele Situationen, die dem Pferd Angst einflößen, entschärfen und die Fluchtreaktion eindämmen bzw. unterbinden. Nur so gewinnen wir das Vertrauen der Pferde und einen „gelassenen" Partner.

STATEMENT DR. MARGIT H. ZEITLER-FEICHT
TECHNISCHE UNIVERSITÄT MÜNCHEN-WEIHENSTEPHAN

Sozialverhalten*

Nur in der Herde und in Gruppen waren Pferde in der Lage zu überleben. Herden sind hochsensible Einheiten, in denen eine permanente Kommunikation durch lautlose Körpersprache und leises Schnauben oder Prusten stattfindet. Lautes Wiehern ist selten. Herden sind keine demokratischen Kunstgebilde, sie sind nach strengen hierarchischen Prinzipien aufgebaut. Leitstuten und/oder Leithengste führen die Herde klar und unmissverständlich, die einzelnen Gruppen wiederum haben „Unterhäuptlinge". Selbst in Zweierbeziehungen gibt es einen „Unter" und einen „Ober". Das Thema Rangordnungsfindung ist ein permanenter Prozess, der mit der Geburt beginnt und dem Tod endet. Das gilt für Pferde untereinander, aber auch für die sozialen Interaktionen zwischen Pferd und Mensch.

Gute Freunde

Pferde sind bindungsfähig, d.h., sie gehen Freundschaft, aber auch Feindschaften ein. Pferd-Pferd und Pferd-Mensch müssen zusammenpassen. Je besser sie zusammenpassen, desto besser funktioniert die Beziehung.

* Quelle: Margit H. Zeitler-Feicht. „Handbuch Pferdeverhalten. Ursachen, Therapie und Prophylaxe von Problemverhalten." Eugen Ulmer Verlag, Stuttgart 2001

Soziale Kontakte sind lebenswichtig!

Von großer Bedeutung sind soziale Interaktionen zwischen den Pferden. Von der gegenseitigen Körperpflege durch Beknabbern über das „Fliegen-Verscheuchen" durch gegenläufige Aufstellung bis hin zu Lauf- und Kampfspielen finden viele Aktivitäten zwischen den Pferden statt.

Bei aller Nähe der Pferde im Spiel und bei Sozialkontakten, so haben Pferde doch eine ausgeprägte Individualdistanz. Wird diese unterschritten, kommt es zu abwehrenden Reaktionen bis hin zu kämpferischen Aktionen. Verletzungskämpfe dagegen sind sehr selten und fast nur zwischen Hengsten zu finden. Interessant, dass neueste Untersuchungen gezeigt haben, dass nur etwa 2% der Droh- und Angriffsgebärden das tatsächliche Hinterhandschlagen ist!

Merke:

Nur weil Pferde die Fähigkeit entwickelt haben, untereinander und mit Menschen derartige Sozialsysteme aufzubauen, können wir Pferde ausbilden und nutzen!

Einzelhaltung ohne Sozialkontakte führt zwangsläufig zu Defiziten, die auch durch intensive Beschäftigungen mit dem Sozialpartner Mensch nicht ausgeglichen werden können. Pferde müssen sich mit allen Sinnen auch in der Boxenhaltung als Herdentier fühlen. Daher sind Paddocks, transparente Trennwände und gemeinsame Zeitfenster auf Koppel und Auslauf von elementarer Bedeutung für Pferde.

Defizite im Sozialverhalten

Kommt es aufgrund falscher Haltung und schlechten Umgangs zu Defiziten im Sozialbereich, so entstehen schwere körperliche und seelische Erkrankungen, die sich schnell zu körperlichen Problemen entwickeln können. Magengeschwüre, Verhaltensstörungen, Herz-Kreislaufprobleme, Stoffwechselstörungen, all diese Erkrankungen haben – wie beim Menschen – oft ihre Ursache in seelischen Spannungen.

Hat das Pferd seinen Platz in der Rangordnung gefunden, befindet es sich im seelischen Gleichgewicht. Wenn nicht, bemüht es sich oder kämpft sogar, um den Platz zu finden, an dem es sich am wohlsten fühlt. Pferde müssen in Gruppen und Herden aufwachsen, um diese sozialen Fähigkeiten zu entwickeln. Soziale Kontakte müssen in jeder Haltungsform möglich sein. Gruppenhaltung, und wenn es nur einige Stunden gemeinsamer Koppelgang sind, ist für Pferde enorm wichtig.

Besatzdichte und Gruppenzusammensetzung müssen stimmen – sonst harmonieren die Pferde nicht miteinander!

Merke:

Störungen in der sozialen Balance führen zu Verhaltensveränderungen, zu seelischen Erkrankungen (Stereotypien) und zu körperlichen Erkrankungen.

Ausscheidungsverhalten

Pferde setzen pro Tag acht- bis zwölfmal Kot ab. Meist im Stehen, oft auch in der Bewegung. Als Fluchttier können dies Pferde auch in allen Gangarten; die Jäger (Raubtiere) müssen anhalten, wenn sie koten müssen.
Da Pferde aber lieber im Stehen als in der Bewegung koten, sollten Reiter ihre Pferde trainieren, in der Bewegung zu koten, um in einer Prüfung keine Leistungsstörungen zu erleben. Stress und Schmerzen führen zu einer spontanen und häufig wiederkehrenden Kotabsonderung. Dies ist ein Signal, dass Pferde in einem emotionalen Stresszustand sind.

Anzahl und Menge des Urinabsetzens, Harnen genannt, hängt von den Umgebungstemperaturen, der Wasseraufnahme und einer eventuellen Laktation (säugende Stute) ab.
Urin absetzen können auch Pferde nur im Stehen. Sie können das Harnen zwar lange „verhalten", alle paar Stunden sollten Pferde jedoch frei auf saugfähigem Untergrund stehen, da sie auf harten Böden nur ungern harnen. Vermutlich wegen des Spritzens gegen Beine und Bauch.
Harnverhalten führt zu Unwohlsein und zu Schmerzen und beeinflusst daher das Wohlbefinden der Pferde.
Kot und Harn sind auch wichtige Informationsquellen für Pferde. Das Beschnuppern ist daher natürlich und sollte den Pferden ermöglicht werden. Koten und Harnen wird von Pferden auch zur Markierung eingesetzt.

Kot liefert Information: „Von wem stammen diese Pferdeäpfel?"

Merke:
Verschmutzte Ställe, Anlagen und Weiden führen zu hygienisch bedingten Krankheiten und zu einem permanenten Unwohlsein der Pferde! Dies schadet auch der Gelassenheit!

Da Pferde in den meisten Haltungsformen ihrem Mist nicht entgehen können, müssen Mist und Harn, also die verschmutzte Einstreu, regelmäßig entfernt werden. Das gilt natürlich auch für Reitplätze, Ausläufe und Koppeln. Demgegenüber kann das Pferd „seinem Mist" in freier Natur durch das Verlassen abgefressener und verkoteter Standorte regelmäßig entfliehen.

So nicht!

Fortpflanzungsverhalten

Wie alle Lebewesen ist der Fortpflanzungstrieb zum Erhalt der Spezies notwendig. Er wird durch Hormone gesteuert. Dies gilt für alle Pferde, also Hengste, Stuten und Wallache. Letztere produzieren zwar deutlich weniger Hormone, reagieren aber noch viele Jahre nach der Kastration auf die Lockwirkung rossiger Stuten.

Hengst beim Deckakt – auch Pferde haben ein Liebesleben.

Reithengste leiden fast immer unter den Haltungsbedingungen, da sie den natürlichen Fortpflanzungstrieb nicht ausleben dürfen. Die Mode, einen Hengst zu reiten, weil es „in" ist oder weil der Reiter, oft die Reiterin, meint, der machohafte Hengstausdruck sei besonders schön, führt fast immer zu erheblichen Einschränkungen im Wohlbefinden der Hengste.

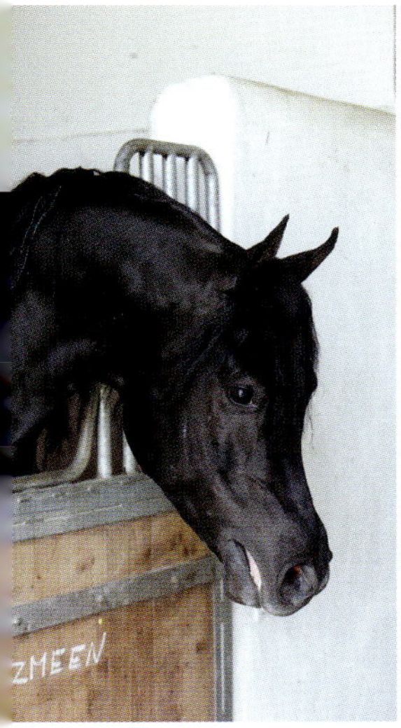
Wiehern

Da Hengste sehr hohe Ansprüche an die Sicherheit von Koppelzäunen stellen und schwierig sind in der Zusammensetzung von passenden Gruppen, werden sie wenig oder gar nicht auf die Koppel gelassen. Paddockboxen werden oft abgelehnt, auch wenn erfahrene Betriebe schon lange die positive Wirkung kennen- und schätzen gelernt haben. Sie lassen die Hengste halbtageweise auf die Paddocks, wobei immer eine Box übersprungen wird. Somit wird der direkte Kontakt der Hengste untereinander vermieden. Intelligentes Stallmanagement kann hier viel bewirken!

Imponiergehabe eines Hengstes: Kopfschlenkern

Aus Erfahrung empfehle ich, Hengste, die im Deckeinsatz sind, nur in Spezialbetrieben zu halten. Das Management, die Haltungsbedingungen und die Kompetenz im Umgang stellen eine gute Voraussetzung für eine weitgehend artgemäße Haltung der Deckhengste dar. Deckende Hengste – mit wenigen Ausnahmen – haben in einem Pensionsstall schon aus Sicherheitsgründen nichts verloren.

Stuten und Wallache sind einfacher zu halten. Stuten verändern jedoch vor und während der Rosse oft ihr Wesen und machen es den Reitern nicht immer leicht. Erfahrene Reiter wissen jedoch, auf diese hormonell bedingten Veränderungen verständnisvoll zu reagieren.

Merke:

Wir Reiter müssen lernen, das Fortpflanzungsverhalten der Pferde als natürliche Gegebenheit zu akzeptieren und es nicht durch Zwangsmaßnahmen zu unterdrücken.

Mutter-Kind-Verhalten

Wir Reiter machen uns im Gegensatz zu den Züchtern wenig Gedanken über den Urtrieb „Mutter-Kind-Verhalten“. Doch ist diese Prägephase für das spätere Reitpferd von großer Bedeutung.

Mutter-Kind: eine wichtige Prägung. Paso Fino- und Haflinger-Stute mit Fohlen

Was müssen die Züchter beachten?

Viele Pferdezüchter machen es ihren Pferden, ohne es zu wissen, sehr schwer. Ich denke dabei an die Unsitte, Zuchtpferde (Mutterstuten und Jungtiere) im Herbst „aufzustallen“, um sie dann im Frühjahr – meist unvorbereitet – wieder auf die Weide zu verbringen. Der bekannte Pferdefachtierarzt Dr. Eberhardt Schüle hat in einem seiner berühmten Vorträge einmal gesagt, dass der „Sommer nicht in der Lage ist, die Schäden der Winterhaltung auszugleichen“. Zu wenig Bewegung, schlechtes Stallklima und fehlende Sozialkontakte machen Pferde krank! Auch und gerade die Zuchtpferde, die jedes Jahr „aufgestallt“ werden.

Es wäre so einfach

Warum werden Zuchtpferde nicht in Gruppen gehalten, der natürlichen Haltungsform, die ja den ganzen Sommer hindurch erfolgreich betrieben wird? Das Wissen um eine artgerechte Gruppenhaltung ist heute sehr hoch und die baulichen Möglichkeiten sind meist einfach zu realisieren. Es ist daher unverständlich, dass häufig an dieser alten, aber falschen Tradition festgehalten wird!

Auch das Abfohlen in sogenannten „Abfohlboxen“ ist zu hinterfragen! Selbst wenn sie groß, hell und sauber sind – es ist immer eine Trennung der Stute von der Herde. Und dies ist aus der Entwicklungsgeschichte her der Platz zur Geburt, den die Pferde am liebsten haben. Keine Stute sondert sich zur Geburt aus der Herde ab. Nur der Mensch in seiner meist übertriebenen Vorsicht sperrt die Stuten zur Geburt von dem Rest der Herde weg!

Glückliche Herden in artgerechter Haltung

So wachsen Fohlen ideal auf!

Ein moderner Gruppen-Abfohlstall kann bei sauberer Einstreu ein idealer Geburtsort sein. Die Stuten sind im Kreise ihrer Herde viel gelassener, die Fohlen werden sofort von der Herde aufgenommen und gedeihen wesentlich besser als in der „Käfighaltung".

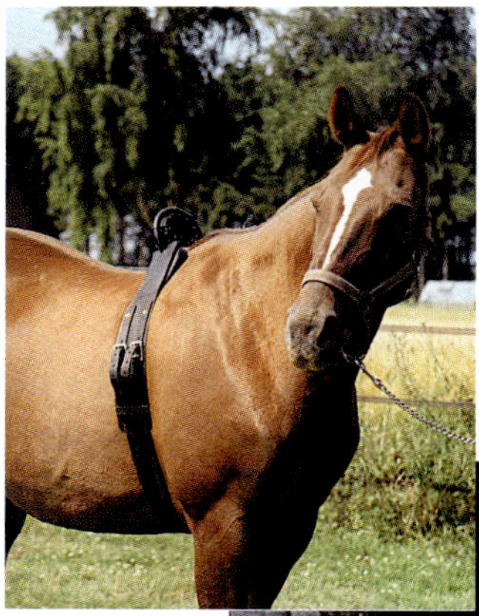

Stute mit Geburtsüberwacher

Dank moderner Videotechnik oder „Geburtsüberwacher" können die Züchter ihre Stuten bestens beobachten und sofort eingreifen, wenn Hilfe benötigt wird. Die meisten Fohlengeburten verlaufen problemlos. Wenn es aber zu Problemen kommt, ist schnelle Hilfe und ein heller, sauberer Gruppenstall immer besser als eine dunkle Koppel oder eine zu enge Abfohlbox. Sollte es nötig sein, ist eine Abtrennung zur Herde schnell und einfach zu erstellen. Die Stute muss nicht aus dem Herdenverband genommen werden, was fast immer zu Stress führt!

Pferde sind aufgrund ihrer Entwicklungsgeschichte Nestflüchter, d.h., bereits nach wenigen Stunden sind die Fohlen in der Lage, mit der Herde zu ziehen. Zur optimalen Entwicklung ist daher freie Bewegung dringend notwendig. Fohlen erkälten sich auch nur dann, wenn sie aus den meist zu warmen Ställen erst nach ein paar Tagen auf die Weide gelassen werden.

Und lassen Sie die Finger von Fohlendecken – dies ist purer Unsinn! Decken stören die Entwicklung der natürlichen Thermoregulation – und die muss sich beim Fohlen ja früh und schnell entwickeln können!

Tschechische Warmblutherde

Merke:
Die Qualität der Mutter-Kind-Phase ist sehr wichtig für die spätere Entwicklung unserer Pferde!

In der Zeit nach der Geburt bis zum Absetzen sollten Fohlen mit ihren Müttern in der Herde leben. Jede Isolation ist unnatürlich und schadet einer normalen Entwicklung! Hier werden aus Gründen der übertriebenen Vorsicht und aufgrund alter Traditionen noch viele Fehler gemacht. Von den Kosten ganz zu schweigen – Einzelhaltung ist immer teurer als Gruppenhaltung!

Die Bindung zwischen Stute und Fohlen ist sehr intensiv. Die Stuten prägen ihre Fohlen nachhaltig.

Das Absetzen der Fohlen

Eine besonders schwierige Phase ist das Absetzen. Die Trennung des noch säugenden Fohlens von der Mutter ist nach der Geburt die zweite große Stressphase. Noch immer schwören viele Züchter auf das plötzliche Absetzen, ungeachtet der traumatischen Erlebnisse für Fohlen und Stute. Letztere leidet auch körperlich unter der Milchproduktion, die natürlich nicht zeitgleich aufhört. Wächst das Fohlen in der Herde auf, entwickeln sich automatisch Fohlengruppen, die sich immer mehr von alleine „absetzen". Das Absetzen ist ein Prozess über mehrere Wochen hinweg. Der Züchter kann dies durch das regelmäßige Trennen der Fohlengruppe von den Stuten systematisch steuern. Die Stuten reduzieren die Milchproduktion, die Fohlen fressen zunehmend mehr Gras und Kraftfutter. Der Trennungsprozess verläuft harmonisch und meist problemlos.

Merke:
Disharmonien und traumatische Erfahrungen in der Mutter-Kind-Phase beeinflussen das Verhalten gerade junger Pferde ganz entscheidend!

Anmerkung des Autors:
Der Mensch greift stark in die Natur des Pferdes ein. Er bestimmt den Deckzeitpunkt. Damit legt er den Abfohltermin, den Absetztermin und letztlich auch den für manche Pferde zu frühen Ausbildungsbeginn und den oft unnatürlich frühen Einsatz zeitlich fest. Ziel ist der frühe wirtschaftliche Nutzen.
Die Folgen sind für Pferde, die oft unreif sind, Schäden an Psyche und an der Gesundheit. Für diese Pferde sind die im Jahresplan festgelegten Leistungsabfragen (Hengstkörung, Hengstleistungsprüfung etc.) einfach zu früh!

Komfortverhalten

Pferde sind Genießer. Und das ist gut so. Denn über das „Wohlfühlen" sind wir in der Lage, Pferde an uns Menschen zu binden. Im Sozialverband der Herde kommt es zu intensiven sozialen Aktionen wie Fellpflege, Spielen, Kommunikation etc., die dem Wohlfühlen dienen.

Aber auch alleine zeigen Pferde ein ausgeprägtes Komfortverhalten. Steht kein „Fellpflegepartner" zur Verfügung, scheuern sich Pferde an Bäumen, Koppelpfosten oder speziellen Kratzbürsten. Oder sie wälzen sich im Staub und suhlen sich im Schlamm oder im flachen Wasser. Sie genießen es, sich selbst zu verwöhnen. Sie beknabbern sich am Körper, lecken genüsslich ihre Lippen nach dem Fressen und kratzen sich mit den Hinterbeinen an Körperregionen, die sie nicht mit dem Maul erreichen.

Solitäre Fellpflege

Soziale Fellpflege

Wichtig für das Wohlbefinden: freies Wälzen in speziellen übergroßen Wälzpaddocks!

Typisch für das Komfortverhalten ist bei all diesen Aktionen ein ausgesprochen zufriedener und entspannter Gesichtsausdruck.

Als Folgerung für die artgemäße Haltung müssen Boxen so groß sein, dass Pferde sich ausgiebig und sicher wälzen können. Die Mindestmaße reichen in der Regel dafür nicht aus.

Zu beachten ist, dass Paddockböden – vor allem bei kleinen Paddocks vor den Boxen – aus Sicherheitsgründen so hart sein sollten, dass Pferde sich nicht gerne hinlegen. Dabei besteht die Gefahr, dass sie sich mit dem Körper oder den Beinen in dem Abtrenngitter verfangen und dabei verletzen.

Oft lassen Reiter ihre Pferde nach getaner Arbeit in der Halle wälzen. Dies wird jedoch in manchen Betrieben aus Sicherheitsgründen nicht gerne gesehen. Und es tut den Pferde so gut! Zunehmend werden daher wieder Wälzplätze in modernen Betrieben angelegt, um den Pferden die Möglichkeit zu geben, sich nach dem Reiten und Absatteln genussvoll wälzen zu können.

Merke:

Missachten wir das Bedürfnis der Pferde nach persönlichem Komfort, kommt es zu Defiziten im Wohlbefinden.

Spielverhalten

Typisch für Pferde ist das Spielverhalten. Es tritt überwiegend in der Jugend auf, aber auch in „Rentnergruppen" ist es häufig zu beobachten. In der Jugend dient es der Befriedigung sozialer Kontakte, dem Training der körperlichen Koordination, der Schulung des Fortpflanzungsverhaltens – denken wir an das typische Aufreiten – und der Stärkung der gesamten Performance*. Bei Fohlen ist über 75% der Bewegung Spielen. Gerade im Spiel können Pferde bestehende Defizite in der Bewegung decken.

Pferde signalisieren anderen Pferden ganz deutlich, wenn sie spielen wollen. Dies geschieht durch Anstoßen, Kopfschwenken, Anknabbern und Umkreisen. Stehen keine Pferde als Spielpartner zur Verfügung, so versuchen manche Pferde, den Menschen zum Spielen aufzufordern. Gerade einzeln gehaltene Pferde sind glücklich, wenn sie mit dem Menschen frei „spielen" können. Doch Achtung: Pferde berücksichtigen im Spiel nicht die körperliche Unterlegenheit des Menschen! Deshalb sollten wir sehr überlegt mit diesem Thema umgehen.

Spielende Jungepferde und Fohlen

Merke:

Viele Pferde leiden an einer mentalen Unterforderung. Immer nur „Lektionen üben" macht sie im Kopf stumpf und teilnahmslos.

Die Arbeit im Zirkus beruht sehr häufig auf dem ausgeprägten Spieltrieb der Pferde. Ein hängender Spielball in der Box ist sinnvoll, wenn auch nicht ausreichend. Mit etwas Phantasie können wir unsere Pferde auf viele Arten spielend beschäftigen und damit auch geistig fordern.

Im Hinblick auf das Spielverhalten der Pferde sollten wir uns mehr in der Freiarbeit mit unseren Pferden befassen. Das Verlassen der Box sollte nicht nur mit Arbeit, Training oder Koppel verbunden werden, Pferde sind sehr dankbar, wenn wir uns mit ihnen „spielerisch" beschäftigen.

* Performance ist das körperliche und seelische Leistungspotential eines Pferdes und eines Menschen. Je besser die Performance, desto größere Leistungen können ohne gesundheitliche Schäden erzielt werden.

Fressverhalten

Pferde sind Dauerfresser. Zwischen 12 und 18 Stunden pro Tage würden sie in der freien Natur mit der Futtersuche und dem Fressen verbringen. Der Verdauungstrakt ist darauf eingerichtet. Er besteht – kurz gefasst – aus einem kleinen einhöhligen Magen und aus einem langen Darm mit einem sehr großen Blinddarm, in dem die wertvollen Bestandteile des Futters, so karg es auch ist, optimal ausgenutzt werden. Natürliches Futter ist energiearm und rohfaserreich. Deshalb sind viele Mahlzeiten mit geringen Mengen weitaus besser, als täglich nur zwei- bis dreimal zu füttern. Dies wird vor allem aus arbeitswirtschaftlichen Gründen heute noch in vielen Betrieben praktiziert.

Moderne Fütterungstechnologien (Kraftfutterdosiergeräte mit Tripplefütterung, das ist die Fütterung in kleinsten Portionen, chipgesteuerte Fütterung etc.) tragen wesentlich dazu bei, Stress durch falsche Fütterung zu vermeiden.

Heufütterung durch die Heuraufe im Offenstall

Grasen – die natürliche Fütterung

Bedarfs- und verhaltensgerechte Fütterung

Entscheidend ist die bedarfs- und verhaltensgerechte Fütterung. Werden hier Fehler gemacht, entstehen Probleme! Die Anzahl der Futtereinheiten sollte möglichst hoch sein. Raufutter immer vor dem Kraftfutter geben. Die letzte Raufuttergabe sollte spät am Abend sein, um den Pferdemagen auch in den Nachtstunden zu beschäftigen. Dies kann nur dann entfallen, wenn die Einstreu aus sauberem Stroh besteht, das Pferde fressen können. Zu lange Pausen in der Raufutterversorgung führen aufgrund der permanenten Säureproduktion im Magen zu Übersäuerung und – langfristig – zu Magengeschwüren.

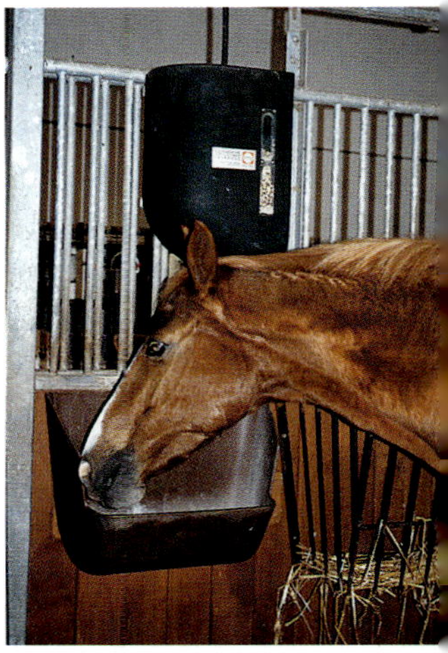

Fütterung über ein Kraftfutterdosiergerät

Pferde sind in der Lage, sich bei langsamen Umstellungen von unterschiedlichsten Nahrungsgrundlagen zu ernähren. Was für unsere modernen Sportpferde gut ist, können Interessierte in vielen hervorragenden Büchern nachlesen.

Pferde sind selektive Fresser

Dies bedeutet, dass vor allem erfahrene, d.h. naturnah gehaltene Pferde sehr gut zwischen Nahrungspflanzen und Giftpflanzen unterscheiden können. Letztere schmecken oder riechen meistens unangenehm. Pferde verzehren die Futterpflanzen in der Reihenfolge des Geschmacks von gut bis weniger gut. Dies ist auch ein Lernprozess, der als Futterprägung bezeichnet wird und nur in der Herde und zusammen mit der Mutterstute ablaufen kann.
Da Pferde sehr gut verschiedene Geschmacksrichtungen unterscheiden können, sind sie leicht mit „Leckerli“ und „Zuckerl“ auszubilden.

Es ist Unsinn, wie manche selbst ernannten Pferdeflüsterer oder Pseudoexperten behaupten, dass Pferde sich nicht durch wohlschmeckende Futtergaben positiv beeinflussen lassen. Viele gute Ausbilder arbeiten mit Futter als Belohnung. Und das mit großem Erfolg! Pferde lassen sich mit wohlschmeckenden kleinen Futtergaben – Brot, Leckerli, Rüben etc., sehr gut „konditionieren“, d.h., sie lernen neue Lernelemente mit wohlschmeckendem Futter zu verbinden.

Energiebalance

Ein wesentlicher Faktor im Bereich Fressverhalten ist die Balance zwischen Energiezufuhr durch Fütterung und Energieentnahme durch die Haltung und die Nutzung. Dies muss immer ausgeglichen sein, da es sonst zu Spannungen und Stress kommt! Natürliches Futter ist nie so energiereich wie unsere künstlichen Futtermischungen. Dies führt bei unbegrenzter Fütterung oder Fütterung im Übermaß zu einer Energieüberversorgung. Wie viele Reiter müssen die überschüssige Energie erst „rauslongieren“ oder durch eine Führmaschine oder – was sehr schlecht für den Bewegungsapparat ist – durch „Ablaufen-Lassen in der Halle“ abbauen.

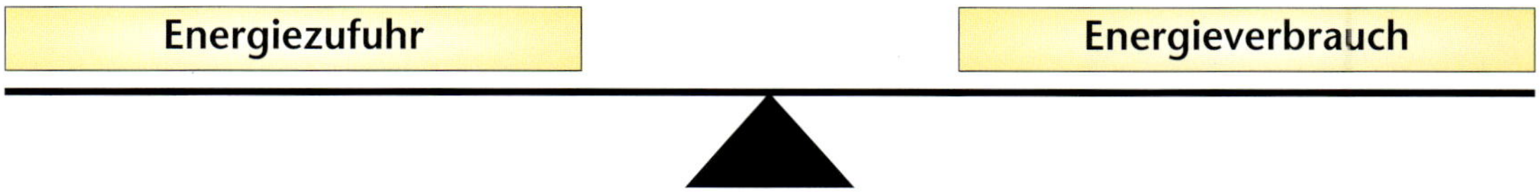

Gleiches gilt natürlich auch für Futterkomponenten, Vitamine, Spurenelemente, Rohfaser und Proteine. Alle Futterkomponenten müssen sorgfältig auf das Individuum Pferd und seine individuelle Haltung und Nutzung abgestimmt sein. Dies gilt für Energie und alle essenziellen, d.h. lebensnotwenigen Inhaltsstoffe im Futter.

Merke:
Balancestörungen in der Fütterung sind häufige Ursachen mangelnder Gelassenheit, psychischer Störungen und körperlicher Erkrankungen!

Trinkverhalten

Das Trinkverhalten domestizierter Pferde unterscheidet sich von dem wilder Pferde. Die reduzierten Futterzeiten, die intensive Nutzung, der hohe Anteil an Trockenfutter und die bewegungsarme Haltung führen dazu, dass unsere modernen Pferde öfters und regelmäßiger Trinkwasser benötigen als die Urpferde. Diese sind maximal alle ein bis zwei Tage zur Tränke gewandert. Heute sind automatische Tränkebecken Standard. Die richtige Wassertemperatur liegt zwischen acht und zwölf Grad. Frostfreie Tränkesysteme sollten selbstverständlich sein. Einmal, um den Pferden permanent Wasser zur Verfügung zu stellen, zum anderen, um ein gutes Stallklima auch im Winter sicherzustellen. Nichts ist schädlicher, als Ställe im Winter warm zu halten, um das Einfrieren der Tränkebecken zu vermeiden.
Nur das Wasser muss frostfrei sein, nicht der Stall! Pferde vertragen problemlos Minustemperaturen auch im Stall.

Merke:
Wassermangel führt zu Austrocknung, Unbehagen und sogar zu Koliken. Durstige Pferde sind unaufmerksam und nicht leistungsbereit. Tägliche Kontrolle der Tränkeeinrichtungen ist daher für Stallpersonal und Reiter Pflicht!

Zwei unterschiedliche Wasserquellen: der Bach/Teich als natürliche Gegebenheiten und das beheizbare Tränkebecken im Stall

Ruheverhalten

Insgesamt sind es täglich fünf bis neun Stunden, in denen Pferde im Stehen, hochkantigem Liegen (Brustlage) oder flachem Liegen (Seitenlage) ruhen. Die durchschnittliche Schlafdauer beträgt maximal 20 Minuten. Pferde mussten ja ständig „fluchtbereit" sein, also waren die Schlafzeiten sehr kurz. Je besser die Haltungsbedingungen unserer Pferde sind, desto öfters ruhen sie. Je ausgeruhter unsere Pferde sind, desto leistungsbereiter und leistungsfähiger sind sie. Dem Urbedürfnis Ruheverhalten muss daher in hohem Maße Rechnung getragen werden.

Dies geschieht durch:

- **ausreichend große Liegeflächen (Box und Gruppenhaltung)**
  Die Formel ***Liegefläche = (2 x Widerrist)²*** ist als absolutes Mindestmaß zu verstehen, nicht als Idealmaß.

- **gutes Stallklima**
  Pferde liegen nicht gerne im Stallmief, der sich meistens in Bodennähe befindet! Also immer gut lüften, am besten Fenster und Türen permanent offen lassen! – Das gilt für Sommer und Winter! Und vergessen Sie die Angst vor Zugluft: Frische bewegte Luft schadet keinem Pferd. Nur in zu warmen Ställen mit gekippten Fenstern kann es zur Zugluft kommen! Diese kann – selten – zu Muskelproblemen führen.

- **gute Einstreu**
  Pferde legen sich am liebsten auf trockene, elastische Einstreu. Einstreuarme oder gar einstreulose Haltung führt zur starken Reduzierung des Ablegens und ist daher als tierschutzwidrig abzulehnen!

- **guter Sichtkontakt zu anderen Pferden auch im Liegen**
  Selbst in der Einzelboxenhaltung verlassen sich liegende Pferde auf die jeweiligen Gruppenwächter. Transparente Boxenelemente erlauben Sichtkontakt und ermöglichen einen guten Luftaustausch. In Paddockboxen legen sich Pferde meistens mit dem Kopf zur offenen Tür!

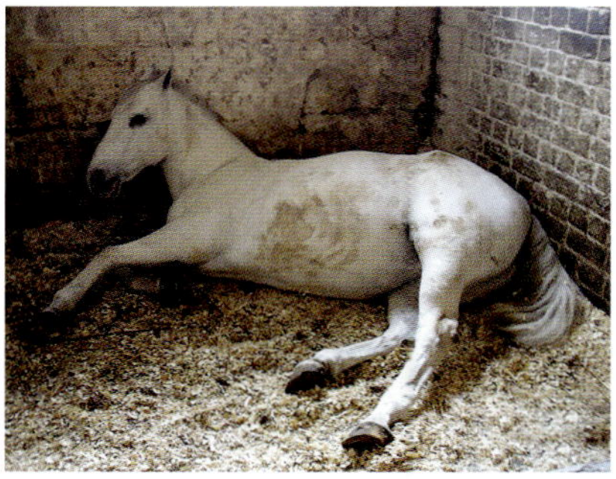

So nicht! Ein zu kleiner Stall verhindert das gelassene Ruhen.

Kleine Auftrefffläche, kleine Öffnung, innen warm, außen kalt. Temperatur-Differenz >10°. Zug mit gesundheitlichen Folgen (kommt in gutem Stall nicht vor)

Große Auftrefffläche, große Öffnung. Kein Zug, da Thermoregulation „anspringt"

- Vertraute Umgebung ist wichtig. In fremder Umgebung legen sich Pferde nur bei Erschöpfung hin! Daher ist es gerade für den Turnierreiter wichtig, sein Pferd an fremde Ställe zu gewöhnen, indem er vor dem Bezug einen Spaziergang rund um das Stallzelt macht!

- Rutschfester Boden, damit Pferde beim Hinlegen und Aufstehen nicht wegrutschen.

- Finden wir keine Ursache in der Haltung, haben aber das Gefühl, dass unsere Pferde unter „Stress" stehen, so sollte der Standort durchaus auch nach geopathischen Störquellen untersucht werden. Pferde sind „Strahlenflüchter" und leiden unter ungünstigen Standortverhältnissen. Dies ist mittlerweile wissenschaftlich bewiesen (Dissertation Dr. Harsch, Hohenheim).

Merke:

Störungen im Ruheverhalten führen zu Leistungseinbußen, Unruhe, Nervosität und sogar zu schweren Erkrankungen!

Anmerkung des Autors

Zugluft wird seit langem kontrovers diskutiert. Obwohl es keinen wissenschaftlichen Nachweis für Erkrankungen aufgrund von Zugluft gibt (weder mir noch den von mir befragten Tierärzten sind derartige Arbeiten bekannt), haben viele Pferdebesitzer panische Angst vor Zugluft.

Völlig zu Unrecht, denn Pferde benötigen zur Gesunderhaltung enorme Mengen an Frischluft – egal, wie kalt sie ist und wie stark die Luftbewegung ist!

Selbst Pferde, die noch von der Nutzung ein feuchtes Fell haben, trocknen in bewegter Luft viel schneller. Dies gilt natürlich nur für gesunde Pferde, deren Puls-Atemwerte bereits im Normalbereich sind.
Es ist gut zu beobachten, wie sich Pferde verhalten, die die Möglichkeit haben, selbstständig auf den Paddock oder Auslauf zu gehen. Bei starkem Wind und sogar bei Regen gehen sie zum Trocknen ins Freie. Das Unterfell trocknet auch bei Regen, das Oberfell lässt den Regen einfach ablaufen!
Je weniger wir Menschen in diese Prozesse eingreifen, desto besser ist es für die Pferde!

Es nützt den Pferden nichts, wenn wir diesbezüglich zu übervorsichtig sind. Genauso schädlich ist es jedoch, nassgeschwitzte Pferde mit hohen Puls-/Atemwerten ins Freie zu jagen. Gefühl für die Pferde und das Wissen um die natürlichen Bedürfnisse sind wichtig.

29-jährig und mit vollem Elan auf die Koppel

In der Natur hat der hohe Bewegungsbedarf auch seinen Sinn. Pferde müssen als Fluchttiere immer in Bewegungsbereitschaft sein. Der gesamte Bewegungsapparat muss von einer Sekunde auf die andere große motorische Leistungen erbringen können. Das heißt, er muss ständig „aufgewärmt" und belastbar sein. Kalte Muskelfasern und Sehnen reißen und führen zu Lahmheiten.

Bewegungsverhalten

Je nach Futterbasis und Wasserstelle gehen Pferde in der Natur täglich zwischen drei und 20 Kilometer. Die häufigste Gangart ist Schritt, es wird nur relativ wenig getrabt oder galoppiert. Der objektive Bewegungsbedarf zur Gesunderhaltung ist genetisch festgelegt. Das Bewegungsbedürfnis benötigt einen Anreiz (Hunger, Durst, Spielen, Kämpfen, Fliehen) und wird als subjektiv bezeichnet.

Vom ausreichenden Bewegungsangebot hängt der Gesundheitszustand der Pferde ab. Mehr als von vielen anderen Faktoren. Da Pferde je nach Typ, Haltung, Fütterung und Nutzung sehr unterschiedliche Bewegungsbedürfnisse haben, muss der Pferdehalter meist regulierend eingreifen.

Lebensfreude

Die Folgerung für uns Reiter ist, dass wir wesentlich mehr Wert auf eine bewegungsreiche Haltung legen müssen. Auch müssen wir dem Warmreiten viel mehr zeitlichen Raum geben. Boxenhaltung und Schrittphasen von wenigen Minuten führen zu einem hohen Verschleiß, zu Schmerzen und Stress. Dies wirkt sich daher auch direkt auf die Gelassenheit der Pferde aus.

Gelassenheit der Pferde im Bewegungsstall

Als wir vor über 20 Jahren auf Gut Wildschwaige den Laufstall für Warmblutpferde als Pensionsstall entwickelten, wollten sehr viele Pferdefreunde dieses interessante Experiment begutachten. Kaum jemand konnte glauben, dass ein Spaziergang von mehreren Menschen durch eine Herde frei lebender Pferde möglich wäre. Bekannt war die Gruppenhaltung nur bei Kleinpferden. Unsere Idee war es, die Erfahrungen der Kleinpferde auf die „Großen" zu übertragen.

Gelassenheit bedeutet, sich nicht aus der Ruhe bringen zu lassen, auch wenn Probleme auftauchen. Deshalb haben wir mit unseren zahlreichen Vorhaben, möglichst pferdefreundliche Haltungen zu schaffen, auch dann nicht aufgegeben, wenn wir etwas falsch gemacht haben.

Dies ist ja umso wichtiger, weil dadurch auch der Reiter eine nicht hoch genug einzuschätzende Sicherheit für sein Reiten „kostenlos" vom Pferd „angeliefert" bekommt.

Eindeutig trägt das ständige Futterangebot mit vielen Bewegungsanreizen zur allgemeinen Gelassenheit der Pferde bei. Die Pferde sind ständig in Bewegung auf dem Weg zur nächsten Futterration an einer der computergesteuerten Stationen. Der Bewegungsstall für Pferde bewirkt eine enorme Gelassenheit bei Pferden und Menschen.

Statement Hanns Ullstein Jr.

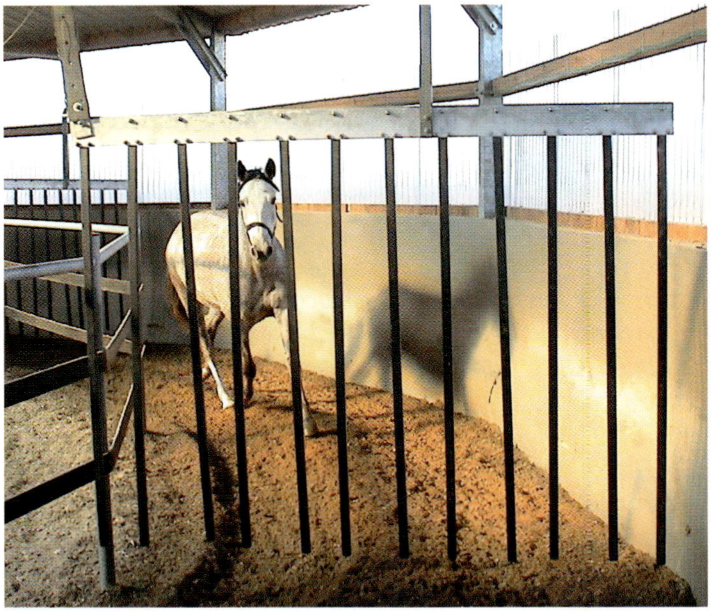
Bewegung ist wichtig

Empfehlungen

Grundbedarf

Täglich mehrere Stunden freie Bewegung auf der Koppel oder im Auslauf mit Bewegungsanreizen. Führanlagen oder Laufbänder können immer nur einen Teil der freien Bewegung ersetzen, niemals den gesamten Grundbedarf.

Leistungsbedarf

Er ist in jedem Fall unabhängig vom Grundbedarf. Dies bedeutet für den Pferdehalter, dass Boxenhaltung und eine Stunde Reiten einfach nicht ausreichen, egal, was der Reiter in dieser Stunde mit seinem Pferd macht!

Den Leistungsbedarf muss der Ausbilder des Pferdes ganz individuell definieren. Er hängt vom momentanen und dem gewünschten Ziel-Leistungsstand ab. Bei Hochleistungspferden ist dies ein Trainingsprozess, der sich über Jahre hinweg erstrecken kann. Distanzpferde müssen über mehrere Jahre systematisch aufbauend trainiert werden, um die extreme Hochleistung schadlos erbringen zu können!

Fitnessstudio für Sportpferde

Zur körperlichen Ausgeglichenheit und einer guten Gelassenheit ist viel ruhige Bewegung notwendig. Zu wenig oder zu intensive Bewegung führen immer zu einer Störung der Gelassenheit. Zu viel Bewegung kommt in der Praxis fast nie vor!

Angst – Stress – Gelassenheit, wie wichtig sind diese Gefühle für Pferde?

Ein gelassenes Pferd fühlt sich wohl. Es besteht eine körperliche und eine seelische Balance. Dadurch entsteht die ideale Ausgangsposition für die Zusammenarbeit mit dem Menschen.

Angst und Stressreaktionen stören diese Balance. Ein schlecht sitzender Reiter mit aggressivem Verhalten führt zu instinktmäßigen Reaktionen! Der Fluchtreflex wird ausgelöst.

Wird dieser Stress zum Dauerstress, entstehen schwere Schäden an Körper und Seele.

Vermeiden wir Missverständnisse im Umgang mit dem Pferd. Haben wir Verständnis für die natürlichen Reaktionen. Aufklärung über das Wesen des Pferdes und wie es seine Umwelt und den Umgang mit dem Menschen erlebt, kann hier sicherlich sehr helfen.

STATEMENT DR. THIEL
INSTITUT FÜR EQUITHRAPIE UND HIPPISCHE SPORTPSYCHOLOGIE,
SOERENDONK NL

Merke:

Defizite im Bewegungsangebot führen zu schweren körperlichen und seelischen Schäden. Zu wenig Bewegung und zu viel Energie im Futter sind häufige Ursachen mangelnder Gelassenheit!

Erkundungs-, Meide- und Fluchtverhalten

Pferde sind von Natur aus neugierig. Durch diese Eigenschaft haben sie sich ständig mit ihrer Umwelt auseinandergesetzt. Sie haben die Fähigkeit entwickelt, in Bruchteilen von Sekunden zu erkennen, ob ihnen von einem unbekannten Gegenstand, einem neuen „Umweltreiz" Gefahr droht oder nicht. Durch die hochsensiblen Sinnesorgane, die bei Pferden so gleichmäßig und empfindlich ausgebildet sind wie bei keiner anderen Tierart, sind sie in der Lage, ständig eine Vielzahl an Informationen aus ihrem Umfeld aufzunehmen.

Das Erkunden ist für Pferde von großer Bedeutung. Dies kann sogar dazu führen, dass Pferde ihren scheinbar sicheren Standort (Pferdekoppel, Stall) verlassen, um einen unbekannten Störfaktor zu erkunden. Die Analyse von Verkehrsunfällen hat dazu geführt, das Erkundungsverhalten von Pferden auch als Ausbruchsursache in Betracht zu ziehen.

Immer auf Empfang

Pferde:

- Sehen gut
- Riechen gut
- Schmecken gut
- Fühlen gut
- Hören gut

Zudem haben sie einen hochsensiblen Instinkt entwickelt, der sie in die Lage versetzt, auch Dinge wahrzunehmen, die wir Menschen aufgrund unserer „Zivilisierung" nicht mehr registrieren.

Merke:

Pferde haben ein ausgeprägtes Erkundungsverhalten. Es ist daher möglich, sie mit allen möglichen unbekannten Gegenständen vertraut zu machen - siehe GHP-Prüfungen.

Beispiel: Eine Gruppe von Schulpferden hat vor vielen Jahren während einer Unterrichtsstunde plötzlich den „Dienst verweigert" und sich vor der Ausgangstür gesammelt. Sie waren durch nichts mehr zu bewegen, diesen Standort zu verlassen. Der Reitlehrer reagierte sehr umsichtig und öffnete die Hallentür. Wenige Minuten später stürzte das Hallendach aufgrund der hohen Schneelast ein! So viel zum Thema Instinkt!

Das Sehvermögen der Pferde

Pferde sehen ähnlich wie Menschen mit Rot-Grün-Farbenblindheit. Das Pferdeauge hat nur zwei unterschiedliche Sehzapfen (Blau und Rot/Grün). Der Mensch hat drei Sehzapfen (Blau, Rot und Grün).

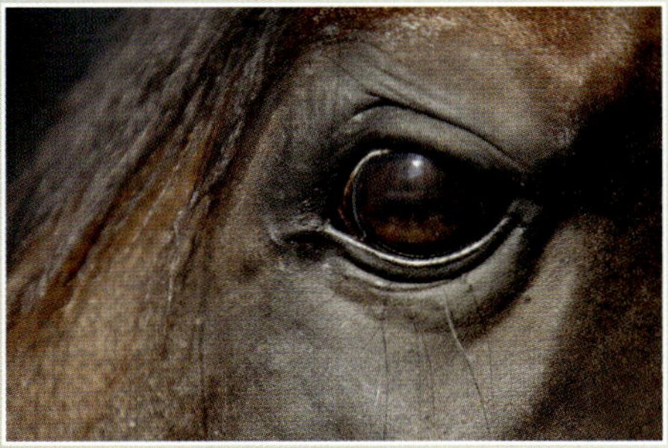

Links und rechts sieht das Pferd zweidimensional (nur ein Auge sieht in diesem Segment), vorne hat das Pferd einen dreidimensionalen Bereich, da hier zwei Augen das gleiche Sichtfeld haben (binocular).

Direkt hinter und vor dem Pferd hat das Pferd einen toten Winkel, ansonsten sieht es aufgrund der genialen Bauweise fast 360 Grad = Rundumwinkel! Somit haben Pferde ihre Umgebung immer „im Blick".

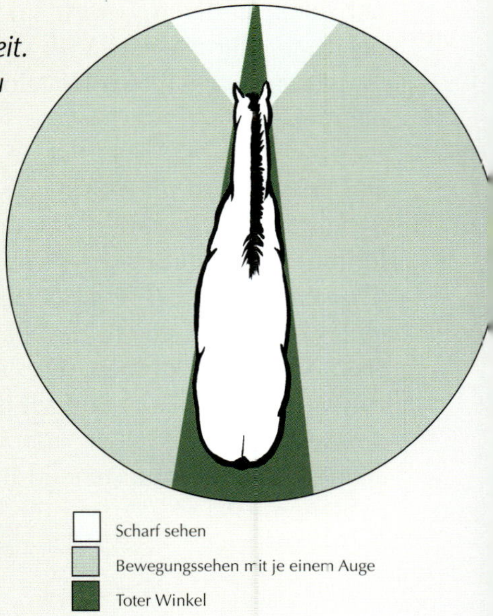

Ganz Ohr

Pferde hören ausgesprochen gut. Da sie Töne bis zu 38 Kilohertz hören, empfangen sie auch Geräusche, die der Mensch mit seinen ca. 20 Kilohertz nicht mehr hört.
Da die Ohren sehr beweglich am Kopf angebracht sind, kann das Pferd die Schallquellen = mögliche Feinde genau orten und dann in die entgegengesetzte Richtung fliehen!
Verboten ist das Ausrasieren der Ohrmuschel. Dies ist tierschutzwidrig, denn die feinen Haare übertragen Schallwellen und schützen vor Verschmutzung und vor Insekten. Funktionshaare (Haare im Ohr, Tasthaare an Nüstern und Augen) dürfen nicht entfernt werden. Das kann ein Grund für einen Ausschluss auf dem Turnier sein! Auch „Ohrstöpsel", z.B. unter dem Ohrschutz-Häubchen sind verboten!

Immer der Nase nach

Pferde können gut riechen und schmecken. Dies ist zur Unterscheidung essbarer und ungenießbarer Nahrung wichtig. Auch für die Informationen über andere Pferde (Hengste, Stuten etc.) dient das Riechen. Wasser riechen Pferde über Kilometer hinweg. Durch das „Jacobson'sche Organ" am Gaumen können Pferde Gerüche sehr gut differenzieren.

Mit viel Gefühl

Die Pferdehaut ist ein ganz besonderes Organ. Unendlich viele Nervenenden empfangen Signale und leiten sie an das Hirn weiter. Berührungen, Veränderungen im Klimaumfeld (heiß, kalt, nass, trocken etc.) werden sofort registriert und lösen die so wichtige Thermoregulation aus. Das funktioniert natürlich nur ohne Decke! Über die sensiblen Hufe spüren Pferde jede noch so kleine Vibration im Boden – es könnte ja ein Feind nahen! Pferde haben einfach viel Gefühl!

Mit viel Geschmack

Aufgrund ihres ausgeprägten Geschmackssinnes sind Pferde selektive Fresser. Sie können sehr gut nach verschiedenen Geschmacksrichtungen differenzieren. Schon Spuren eines Medikamentes oder einer verdorbenen Futterkomponente führen zur Verweigerung des gesamten Futters. Ist der Futtertrog breit und flach, dann können wir sehr gut die Reihenfolge erkennen, in der die einzelnen Futterarten gefressen werden. Die Schonung der Zunge durch geeignete Gebisse – oder auch mal gebisslos reiten – dient dem Erhalt der Geschmackssensoren auf der Zunge!

Defizite im Erkundungsverhalten

Werden Pferde so gehalten, dass sie das Erkundungsverhalten nicht permanent ausleben können, verkümmert diese Eigenschaft. Es kommen zu wenige Informationen bei den Pferden an; die Entscheidungsfähigkeit, ob es sich um eine Gefahr handelt, ist nicht mehr genug trainiert. Pferde werden stumpf und übersehen Gefahren oder reagieren überängstlich! Pferde müssen ständig in der Lage sein, ihr Erkundungsverhalten zu konditionieren!
Pferde, denen es möglich ist, permanent das Erkundungsverhalten auszuleben, also sich mit wechselnden Umweltreizen zu befassen, lernen verblüffend schnell, sich auf alle möglichen neuen Informationen einzustellen. In den vielen Pferdeschauen sehen wir staunend, zu welch beeindruckenden Leistungen Pferde in dieser Hinsicht fähig sind.

Meiden und Flucht als Folge der Erkundung

Meiden: Als Folge des Erkundungsverhaltens, das oft in Sekundenbruchteilen ablaufen kann, meiden Pferde die „Störungsursache". Sie gehen langsam, aber beharrlich weiter, um eine sichere Distanz zwischen der Ursache und ihrem Standort zu schaffen. Meist geht der Impuls von einem der Leittiere aus, die Herde setzt sich in Bewegung und verändert den Standort. Ursachen können sein: Geräusche (Motoren, sprechende Menschen, bellende Hunde), bewegte Gegenstände (Autos, Eisenbahn, Spaziergänger), Lichtveränderungen (Scheinwerfer, Blitzlicht) oder sonstige Informationen, die aufgrund der Erkundung als bedrohend eingeschätzt werden. Das Meideverhalten erfolgt im Schritt und im Trab.

Fliehen: Stellt die Störung eine offensichtliche Gefahr dar, so fliehen Pferde. Dies bedeutet eine schnelle Ortsveränderung, meist im Galopp. Pferde sind in jedem Alter in der Lage, von einer Sekunde auf die andere aus der absoluten Ruhe in einen rasend schnellen Galopp zu springen, den sie im Bedarfsfalle auch lange durchhalten können. Die Körperfunktionen sind so ausgelegt, dass Pferde dabei in der Regel auch keinen Schaden erleiden. Sie umgehen in hohem Tempo Hindernisse, springen drüber oder trampeln sie nieder. Der gesamte Bewegungsapparat frei lebender Pferde ist durch die permanente Bewegung stets fluchtbereit, d.h., Muskeln und Sehnen sind warm, elastisch und damit unempfindlich gegenüber Verletzungen.

Merke:
Je mehr wir das Erkundungsverhalten und die Reaktionsmechanismen der Pferde auf mögliche Gefahren trainieren, desto gelassener und sicherer reagieren Pferde auf jede Art der Störung.

Ganz anders verhält es sich bei Pferden, die im Stall gehalten werden. Die Gelenke sind nicht geschmiert, Muskeln und Sehnen sind steif, die Gelenkradien eingeschränkt. Daher ist das ausgiebige Aufwärmen vor der intensiven Nutzung für die Gesundheit enorm wichtig. Gerade in der kalten Jahreszeit ist dies von großer Bedeutung. Führanlage oder Solarium vor dem Reiten sind zwar gut, ersetzen aber in keinem Fall eine längere Schrittphase (mindestens 10 bis 15 Minuten).
Das Fluchtverhalten bereitet vielen Reitern große Probleme, kann es im Extremfall auch mit dem Buckeln und Abwerfen des Reiters verbunden sein. Dies ist natürlich, denn dadurch wirft das Pferd „Ballast" ab, um schneller zu sein.

Thermoregulation

Pferde verfügen aufgrund ihrer Entwicklungsgeschichte über hervorragende Fähigkeiten, sich den jeweiligen Klimasituationen anzupassen. Bei Kälte, Wind und Nässe schützen sich Pferde gegenseitig, indem sie sich zusammenstellen und ihr Hinterteil dem Wind entgegendrehen. Die Haut wird stärker durchblutet, das Fell stellt sich auf und in relativ kurzer Zeit entwickelt sich eine subkutane Fettschicht und ein wetterfestes Haarkleid mit einer feinen Talgschicht. Dieser „Pelz" stört jedoch viele Sportreiter, da sie fälschlicherweise Angst haben, dass sich ihre Pferde dadurch erkälten. Sicher nimmt es mehr Zeit in Anspruch, Pferde nach intensiver Arbeit trocken zu reiten. Ein Pferd, bei dem sich Puls und Atmung beruhigt haben, kann ohne Gefahr für Leib und Seele auch noch in der Abschwitzphase in den Stall gebracht werden. Ein bisschen Stroh auf den Rücken und das Pferd fühlt sich wohl. Und ohne Decke trocknet es sehr viel schneller.

Thermoregulation, Scheren und Eindecken

Pferde haben alle Kontinente besiedelt und kommen sowohl mit Wüstenklima wie auch mit Eis und Schnee zurecht. Unsere Hauspferde könnten jederzeit in allen Klimazonen ausgewildert werden. Das Haarkleid, durchblutungsregulierende Shunts (Verbindungen im Blutgefäßesystem) und die Anpassung an den Stoffwechsel an Sommer und Winter sorgen dafür, dass der Organismus in der Kälte keinen Schaden nimmt.

Es muss verwundern, dass noch kein besorgter Pferdebesitzer auf die Idee kam, seinen Pferden Thermostiefel anzuziehen, damit die Hufe im Winter nicht einfrieren!

Ich habe noch nie ein Pferd mit Erfrierungen oder mit einer Erkältung gesehen oder als Tierarzt behandelt!

Decken dienten früher dazu, Pferde zu verschönern oder sie im Kampf vor Verletzungen zu schützen. Das Erste kann in bestimmten Situationen noch akzeptiert werden. Zu-Pferde-Kämpfe gehören jedoch der Vergangenheit an.

Heute stören Decken die Thermoregulation, ebenso das Scheren. Es kommt zu einer Schwächung des Immunsystems. Geschorene Pferde erkranken nachweislich häufiger an Infektionen der Atemwege als Pferde, denen ihr natürlicher Schutz belassen wird und die Wind und Wetter ohne Decken ausgesetzt sind.

Das Argument, dass Pferde schneller schwitzen, wenn sie nicht geschoren sind, ist richtig. Das Schwitzen ist zur Herabsetzung der bei sportlicher Leistung gestiegenen Körpertemperatur aber wichtig und sinnvoll. Das Eindecken verhindert das kompensatorische Absenken der Temperatur durch einsetzende Verdunstungskälte. Geschorene Pferde dagegen haben keinen natürlichen Schutz durch das Haarkleid.

Das Eindecken der Pferde ist ein sichtbares Zeichen der Vermenschlichung. Der alte Satz „Zugluft ist für Pferde schädlich" gilt schon lange nicht mehr. Heute wird viel Luftbewegung in den Ställen gefordert, damit die Pferde gesund bleiben!

STATEMENT DR. MAX PICK
PFERDEFACHTIERARZT UND ÖBV-SACHVERSTÄNDIGER

Scheren und Eindecken

Über wenige Bereiche der Pferdehaltung wird so viel und so kontrovers diskutiert wie über das Thema Scheren und Eindecken. Im Leistungssport hat es sich fast als selbstverständlich entwickelt, Pferde im Frühwinter ganz oder teilweise zu scheren. Das mag für den Profi, der im Winter jedes Wochenende auf Turnier ist, vertretbar und sinnvoll sein. Dessen Pferde leben in ständig temperierten Ställen und Hallen und kommen selten bis gar nicht auf die Koppel.

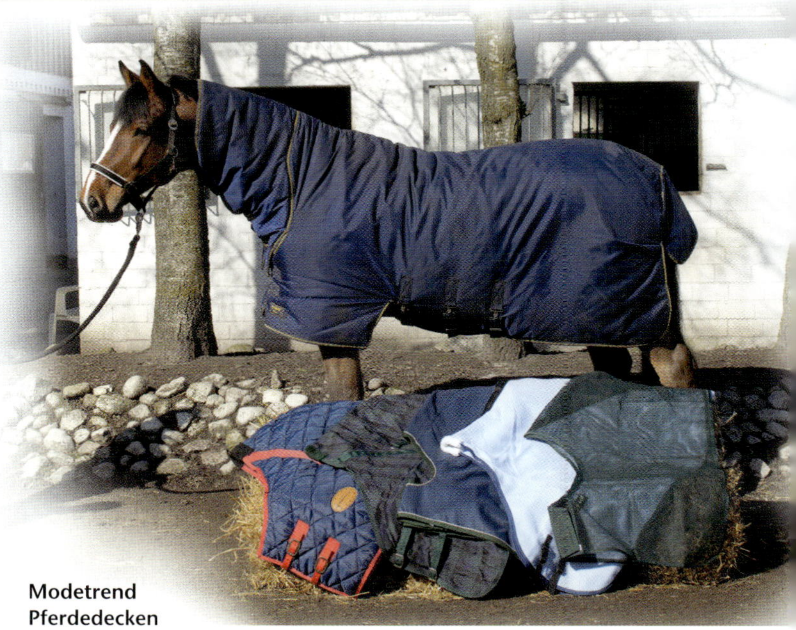

Modetrend Pferdedecken

Ob das in Zukunft noch zulässig sein wird, darüber diskutieren derzeit die Gremien, die sich mit den neuen Leitlinien zur Beurteilung von Pferdehaltungen unter Tierschutzgesichtspunkten (BMVEL) beschäftigen. Ebenso ist in den Vorgesprächen bereits von Vorschriften zum Eindecken von Pferde die Rede. Auf die Ergebnisse sind wir Pferdeleute sehr gespannt.

Die beste Abschwitzdecke tragen die Pferde von Geburt an, ihr Fell. Das funktioniert so gut, dass Hersteller von Outdoor-Kleidung versuchen, die Bauprinzipien von Tierfellen, speziell von Pferden, zu analysieren, um Kleidung mit ähnlich guten Eigenschaften herzustellen! Das sollten wir erkennen und nutzen und nicht die optimale natürliche Funktion durch das Eindecken behindern!
Warum aber scheren viele Pferdebesitzer ihre Pferde, ohne sie jemals im Winter wirklich richtig intensiv zu arbeiten? Oder decken sie ab Oktober mit einer oder mehreren Decken ein? Hier hat sich eine Mode entwickelt, die zwar der Industrie und den Tierärzten gewaltige Umsätze beschert, den Pferden aber nicht so nützt, wie es behauptet wird.

Pferde, die in trockenen, kalten und damit gesunden Ställen mit Paddocks leben, benötigen in der Regel keine Decken. Erst recht nicht, wenn sie auf die Koppel gehen. Die Sonnenstrahlen können ihre Wirkung auf den Stoffwechsel nicht entfalten, die Haut kann nicht frei atmen und die Thermoregulation wird nachhaltig gestört. Kein gesundes Pferd friert ohne Decke, wenn es sich bewegen kann und der Regen dank intaktem Fettgehalt im Fell abfließen kann. Deshalb sollten Pferde im Winter auch nicht mit Shampoo gewaschen oder zu intensiv gebürstet werden, da dies die natürliche Talgschicht zerstört. Dann können Pferde sehr wohl bis auf die Haut nass werden und frieren.

Teilgeschorenes Pferd

Da Pferde im Gegensatz zu vielen anderen Tieren auch über die Haut atmen können und müssen, belastet das Eindecken die Atemfunktion, da die Lunge die behinderte Hautatmung kompensieren muss. Von Hauterkrankungen, Pilzbefall oder entzündlichen Hautverletzungen ganz zu schweigen.

Pferde bei Temperaturen über null Grad mit dicken Decken auf die Koppel oder den Auslauf zu bringen, hat nichts mit Tierschutz zu tun. Im Gegenteil: Es bewirkt eindeutig Stress für die Pferde. Häufig zeigen die Pferde, wie lästig ihnen das Eindecken ist, indem sie sich wälzen, um die Decke loszuwerden.

Um es klar zu sagen: Zugluft gibt es keine auf der Koppel und auch keine Luftbewegung, die den Pferden gesundheitlich schaden könnte. Ebenso wenig stören sich Pferde an Regen, Schnee oder Kälte.

Wälzen im Schnee ist eine Wohltat

Merke:

Pferde sind so gut gegen alle Witterungseinflüsse geschützt, dass das Eindecken nur in den seltensten Fällen wirklich Sinn macht!

Interessant ist die Aussage ganz vieler Pferdebesitzer, warum sie eindecken: „Damit ich das Pferd leichter putzen kann!" Das sollte uns nachdenklich machen. Dies trifft aber nicht immer zu, denn durch übertriebenes Eindecken entstehen Schuppen im Fell. Diese erschweren das Putzen wiederum erheblich.

Schmerzen und Unwohlsein

Ein schwieriges, aber wichtiges Kapitel ist das Schmerzverhalten der Pferde. Oftmals sind Schmerzen die Ursache von Problemen und Verhaltensauffälligkeiten im Umgang, in der Ausbildung oder im Sport. Mit Sicherheit führen Schmerzen immer zu einer Störung der Gelassenheit. Es ist daher sehr wichtig, dass wir uns mit dem Thema Schmerz befassen! Die Verhaltensforscher (Prof. Zeeb, Dr. M. Zeitler-Feicht) führen viele Probleme im Umgang und im Sport auf unerkannte Schmerzen zurück.

Können Schmerzen Wohlbefinden und Gelassenheit eines Pferdes beeinträchtigen? Diese Frage werden wohl alle Pferdehalter gleichermaßen mit ja beantworten.
Schmerzsymptome bei Kolik, starker Lahmheit oder Kreuzverschlag sind klar erkennbar und äußern sich in eindeutigen Verhaltensweisen. Starke Schmerzen bei Pferden wurden bereits in der Antike mit einer Vielzahl von pflanzlichen Substanzen (Mohn, Hanf, Weidenrinde) behandelt.
Wie aber verhält es sich bei chronischen, unterschwelligen Schmerzen? Viele Erkrankungen verursachen keine eindeutigen Symptome. Leistungsschwäche, steifer Gang, Depression, leichte Erregbarkeit, Verhaltensänderungen, Gewichtsverlust, mangelnder Appetit oder veränderte Körperhaltung lassen sich nicht immer einer bestimmten Erkrankung zuordnen. Häufig führen auch mehrere Erkrankungen gleichzeitig zu Auffälligkeiten. Oftmals sind solche unspezifischen Symptome aber auch nicht Ausdruck einer klinischen Erkrankung, sondern haben ihren Ursprung in Verhaltensproblemen, falscher Haltung, Training oder genetischer Disposition.
Erkennung und Lokalisation solcher unterschwelliger Gesundheitsstörungen erfordern eine gründliche klinische, orthopädische und manchmal neurologische Untersuchung. Es ist der Veterinär mit viel Erfahrung und „Fingerspitzengefühl" gefordert. Eine ausführliche Untersuchung des Patienten, kombiniert mit bildgebenden und labordiagnostischen Verfahren führen zum Teil zu einer Diagnose, manchmal aber auch nur zum Ausschluss von Erkrankungen. Schmerzen jeder Art beeinträchtigen die Gelassenheit und damit die Leistungsabfrage des Pferdes.

Statement Dr. Pöschl
FEI-Tierarzt

Merke:

Pferde sind stumme Leider, d.h., sie geben - fast - keine akustischen Schmerzäußerungen von sich.

Der Grund dafür ist wohl in der Entwicklungsgeschichte der Pferde zu finden. Als sozialorientierte Tiere würden sie die Herde gefährden, wenn sie durch Lautäußerungen mögliche Feinde auf sich aufmerksam machen. Deshalb hat sich die Eigenschaft entwickelt, stumm zu leiden. Nur ganz selten wird von Schmerzschreien berichtet, die völlig anders klingen sollen als Wiehern oder Stöhnen!

Woran erkennen wir, wenn unsere Pferde Schmerzen haben?

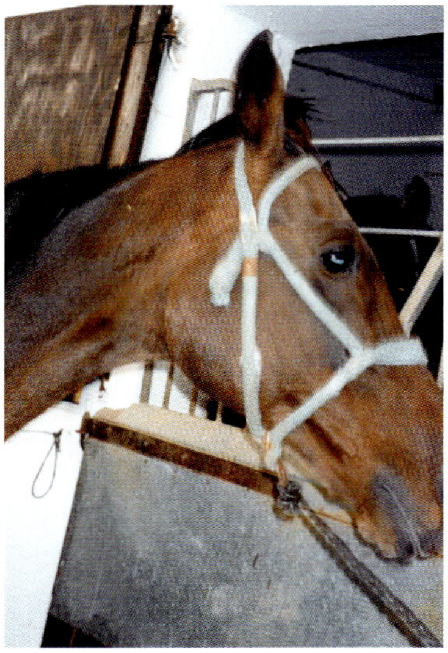

Akute Schmerzen

Starke, gerade erst auftretende Schmerzen erkennen wir an Veränderungen der Bewegungsabläufe – sprich, die klassischen Lahmheiten sind fast immer auf Schmerzen zurückzuführen. Ausnahme sind schmerzfreie Blockaden, Muskelverkürzungen etc. Auch Scharren, zum Bauch-Schlagen oder allgemeine Unruhe sind Anzeichen von Schmerzen. Häufiges Aufstehen und Hinlegen können Zeichen einer schmerzhaften Kolik sein.

Auch Pferde, die übermäßig viel liegen, können Schmerzen beim Stehen oder Gehen haben.

Reduziertes Fressverhalten bis zur Verweigerung der Nahrungsaufnahme ist oft ein Zeichen von Schmerzen. Aber auch unsicherer Gang, Schweifschlagen, Apathie, Schwitzen und sonstige Verhaltensänderungen sollten immer ernst genommen werden.

Chronische Schmerzen

Wurden die Ursachen der akuten Schmerzen nicht erkannt und durch eine gezielte Therapie beseitigt, dann stellen sich chronische Schmerzen ein. Pferde lernen, mit Schmerzen zu leben, sie sind diesbezüglich enorm anpassungsfähig. Es bleibt ihnen ja auch nichts anderes übrig, wenn der Mensch nicht erkennt, was los ist!

Woran erkennen wir chronische Schmerzen?

Die Pferde können abmagern, bekommen ein stumpfes Fell, der Gesichtsausdruck verändert sich, es kommt zu einem typischen „Schmerzgesicht". Nüstern und Maulspalte wirken verkrampft, das Ohrenspiel ist reduziert bzw. eingestellt, die Augen sind klein und der Blick ist stumpf. Die Muskulatur ist verspannt. Auch Zähneknirschen (!!) und verkrampfte Kaubewegungen ohne Futteraufnahme sind ein Zeichen von chronischen Schmerzen. Erfahrene Pferdemenschen erkennen diese Anzeichen natürlich, leider übersehen aber viele Menschen im Umfeld der Pferde diese leisen Signale! Pferde leiden eben stumm!

Ein wichtiges Signal ist es, wenn Pferde bei bestimmten Berührungen oder Körperhaltungen ausweichen. Wenn wir den Verdacht auf unspezifische Schmerzen haben, sollten wir immer die physiologischen Parameter kontrollieren: Puls, Atemfrequenz, Temperatur. Dazu ist es erforderlich, dass wir die Normalwerte unserer Pferde regelmäßig messen und sie uns notieren! Tierärzte haben natürlich noch zahlreiche Laborwerte, anhand derer sie sich über den Schmerzzustand informieren können. Blutuntersuchungen und weitere Diagnosemethoden geben Aufschluss über eventuelle Erkrankungen.

Auch regelmäßige Zahnkontrollen und Zahnpflege durch einen Spezialisten helfen, Schmerzen und damit Stress zu vermeiden!

Merke:

Schmerzen sind bei Pferden schwierig zu erkennen, da Pferde stumm leiden. Genaue Beobachtungen und Kenntnisse des Normalverhaltens sind daher von größter Bedeutung!

3.1 Was lernen wir aus den Grundbedürfnissen der Pferde?

Folgen und Folgerungen aus den Urbedürfnissen der Pferde

Wir haben jetzt viel über die Grundbedürfnisse der Pferde erfahren. Was passiert aber, wenn die so wichtige Balance zwischen Bedarf und Befriedigung aus dem Gleichgewicht gerät? Bei aller Anpassungsfähigkeit der Pferde – und die ist ganz enorm – gibt es Grenzen.

Ziel eines umfassend guten Pferdemanagements muss es sein, die Bedarfsdeckung in allen Lebensbereichen zu erzielen. Ist dies nicht möglich, kommt es zu einer Schadensbegrenzung durch das Pferd selbst. Es bemüht sich – oft sehr einfallsreich – den Bedarf selbst zu decken. Es frisst Dinge, die es nicht fressen sollte, es bewegt sich mehr, als es dem Reiter lieb ist, es „erfindet" Spiele, um sich zu beschäftigen. Es kommt zu einer Störung des natürlichen Gleichgewichtssystems – das wir als Balance bezeichnen – und dies führt immer zu Verhaltensstörungen. Dies sollten wir sehr ernst nehmen, sofern wir überhaupt erkennen, dass unseren Pferden etwas fehlt. Oft ist es die fachliche Kompetenz im Umgang, die vielen kleinen Signale zu registrieren, die uns die Pferde tatsächlich geben. Pferde sagen nichts, sie sprechen aber permanent mit uns, wir müssen nur hören und verstehen!

Wird die Balance nicht durch uns Menschen wiederhergestellt und kann das Pferd seinen Bedarf nicht decken, kommt es zu einem **Triebstau**, der Ursache für Verhaltensstörungen ist.

Wir unterscheiden drei verschiedene Ursachen für einen Triebstau:

Konflikt

Hier treffen zwei Aktionen aufeinander, die gegengerichtet sind. Anhand eines Beispiels aus dem täglichen Leben lässt sich das leicht erklären.
Auf einem Ausritt hat das Pferd Angst vor einem landwirtschaftlichen Gerät. Es will, seiner Natur folgend, den Gegenstand erkunden oder es will fliehen. Der Reiter lässt weder das eine noch das andere zu und setzt sich aufgrund seiner reiterlichen Einwirkung durch. Er löst den Konflikt, ohne die im arttypischen Verhalten basierenden Reaktionen des Pferdes zu beachten.

Ein klassischer Konflikt: Pferd bremst aus Angst, Reiter treibt, um zu springen! Pferd löst diesen Konflikt zu seinen Gunsten!

Wenn er das nächste Mal in die gleiche oder eine ähnliche Situation kommt, wird das Pferd gleich oder ähnlich reagieren. Besser wäre es, dem Pferd den Gegenstand zu zeigen (Neugier- und Erkundungsverhalten), ihm die Angst zu nehmen (soziale Nähe und vertrauensbildende Maßnahmen wie Beruhigen, Loben), ohne dabei die Dominanz des Reiters aufzugeben. Sie werden sicher viele Beispiele aus dem täglichen Umgang mit Pferden finden, in denen es um Konflikte, also um zwei etwa gleichstarke, entgegengerichtete Bedürfnisse geht. Vorsicht: Nicht für das Erschrecken loeben!

Merke:

Wichtig ist es, Konflikte zu vermeiden oder zu lösen, denn ungelöste Konflikte haben schwere Folgen!

Deprivation

Deprivation = Mangel bei der artgemäßen Befriedigung von Grundbedürfnissen
Hier liegt ein gravierender Mangel bei den arttypischen Grundbedürfnissen vor.

Wird ein Fohlen alleine ohne Spielgefährten aufgezogen, erleidet es soziale Fehlentwicklungen und wird krank. Gleiches gilt für Pferde, denen es aufgrund übertriebener Angst verwehrt wird, soziale Kontakte zu anderen Pferden aufzunehmen. Dies beobachten wir oft bei Sportpferden, bei deren Besitzern die Angst vor Verletzungen durch soziale Interaktionen größer ist als die Kenntnis, wie wichtig diese für die Pferde sind.

Je höher ein Pferd im Leistungssport eingesetzt wird und damit auch sein finanzieller Wert steigt, desto größer wird die Angst der Besitzer, Reiter und Ausbilder, diese Pferde zusammen mit anderen Pferden auf die Koppel zu lassen. Das ist eine Entwicklung, die den Pferden jedoch mehr schadet, als sie vor Schaden bewahrt! Sicher findet sich auch für „Toppferde" ein passender Sozialpartner, es reicht ja schon, wenn Pferde zu zweit auf die Koppel gehen können. Das gilt auch für Hengste! Gerade Reithengste kommen mit passenden Weidepartnern bestens zurecht. Bei Deckhengsten ist das schwieriger, aber auch sie müssen andere Pferde in Sichtweite haben, wenn sie auf der Koppel sind!

Merke:

Wichtig ist es, Deprivationen zu vermeiden, indem den Pferden die Befriedigung der natürlichen Bedürfnisse gegeben wird.

Frustration

Frustration = Mangel, der leicht befriedigt werden könnte

Ähnlich wie bei der Deprivation hat das Pferd einen „Urmangel“. Er könnte aber leicht befriedigt werden, da das „Objekt der Begierde“ erreichbar ist. So geht es zum Beispiel Hengsten, die rossige Stuten in ihrem Umfeld haben, sie aber nicht decken können.

Frust über zu wenig Bewegungsfreiheit

Oft treten Frustrationen auch im Fütterungsbereich auf. Die Koppel ist abgefressen, außen steht saftiges hohes Gras, aber der Elektrozaun hindert das Pferd (hoffentlich) am Verlassen der Koppel.

Oder ein anderes Beispiel: Aus Gewichtsgründen steht das Pferd auf Spänen und bekommt nur kleine Futterrationen. Der Boxennachbar aber steht bis zum Bauch im Stroh und frisst den ganzen Tag wie ein Scheunendrescher. Das frustriert gewaltig!

Merke:

Frustrationen führen immer zu schweren Störungen und sollten grundsätzlich vermieden werden!

3.2 Was passiert mit unseren Pferden, wenn die natürliche Balance der Bedürfnisse gestört ist?

Körperliche Erkrankungen

Typisch sind die immer häufiger werdenden Magengeschwüre bei Pferden, Probleme im Stoffwechselbereich, Allergien, bis hin zu Erkrankungen aller Art. Infektiöse Erkrankungen sind weitaus seltener als Erkrankungen, die ihre Ursache im gesamten Management haben. Die teilweise sogar verpflichtenden Impfungen tragen dazu bei, dass infektiöse Erkrankungen immer seltener werden.

Drohen

Da viele körperliche Erkrankungen ihre Ursache im gestörten seelischen Gleichgewicht der Pferde haben, sollten wir hier ansetzen, um den Pferden Leid und den Besitzern hohe Tierarztkosten zu ersparen. Der wirtschaftliche Schaden ist sehr hoch, weil wir verlernt haben, auf die Urbedürfnisse der Pferde zu achten. Wir übersehen die vielen Signale, die uns die Pferde geben, und wir gehen bei der Lösung dieser Probleme oft den falschen Weg.

Seelische Erkrankungen

Aggressionen,

d.h., Pferde greifen Menschen, andere Pferde oder auch andere Tiere (z.B. Hunde) an. Aggressive Pferde gefährden sich und andere in ihrer Umgebung!

Angst
Angstreaktionen bei Pferden können den Umgang und die Ausbildung stark beeinträchtigen, sie sogar unmöglich machen. Ängstliche Pferde sind unberechenbar und gefährlich für sich und andere.

Resignation
Pferde, die Konflikte, Deprivationen oder Frustrationen nicht lösen können, geben sich auf. Sie ziehen sich in sich selbst zurück. Sie gehorchen zwar noch, beteiligen sich aber nicht mehr aktiv am Geschehen.

Apathie
Die schlimmste Form der Resignation. Apathische Pferde gehorchen nicht mehr, sind teilnahmslos und können im schlimmsten Fall sogar daran sterben.

Stereotypien
Wir alle kennen Verhaltensstörungen bei Pferden. Fälschlicherweise werden sie oft als Untugenden bezeichnet. Was unsinnig ist, denn kein Pferd kennt den Unterschied zwischen Tugend und Untugend.

Stereotypien sind **ernste Erkrankungen**, die auch als „verzweifelte Hilfeschreie leidender Pferde" bezeichnet werden können.
Treten Stereotypien auf, dann dürfen wir nicht die Symptome bekämpfen, wir müssen die Ursachen finden und verändern. Leider ist es bei manchen Stereotypien nicht mehr möglich, sie sind so in der „emotionalen Festplatte" der Pferde eingebrannt, dass sie nicht mehr „gelöscht" werden können.

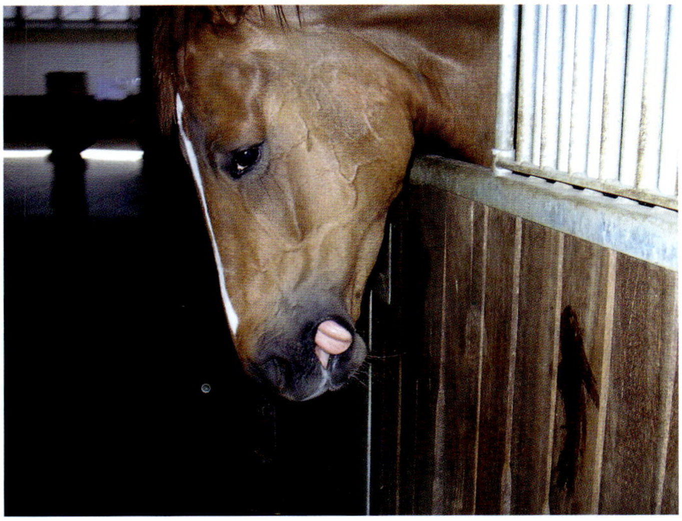

Stereotypien sind klassische Stressbewältigungs-Strategien. Dies lässt sich u. a. dadurch nachweisen, dass der Kortisolwert ansteigt, wenn das Pferd z.B. durch einen Kopperriemen am Koppen gehindert wird. Für uns Menschen ist es ein alarmierendes Signal, für das Pferd ein Weg, den meist durch Haltungs- und Umgangsfehler ausgelösten Stress zu reduzieren.

Zungenspiel

Die bekanntesten Stereotypien sind:

- **Koppen**
- **Weben**
- **Krippen- und Stäbewetzen**
- **Kreislaufen oder sonstiges Figurenlaufen**
- **Kopfschütteln, Halsschütteln**
- **Scharren und gegen die Wände klopfen**
- **Sich selbst verletzen durch Beknabbern oder gegen die Wand schlagen**
- **Selbstbefriedigung (bei Hengsten und Wallachen)**
- **Schweif reiben (kann auch Milben oder Pilze als Ursachen haben)**
- **Zungenspielen, Lippenschlagen u. Ä.**

Koppper am Paddockzaun

Linkes Bein, rechtes Bein: Bis zu 18.000-mal zählten Verhaltensforscher die wechselnde Gewichtsverlagerungen im Laufe eines Tages beim webenden Pferd.

Fotos unten entnommen aus: Monika Krämer. „Siege werden im Stall errungen." FNverlag, Warendorf 2005

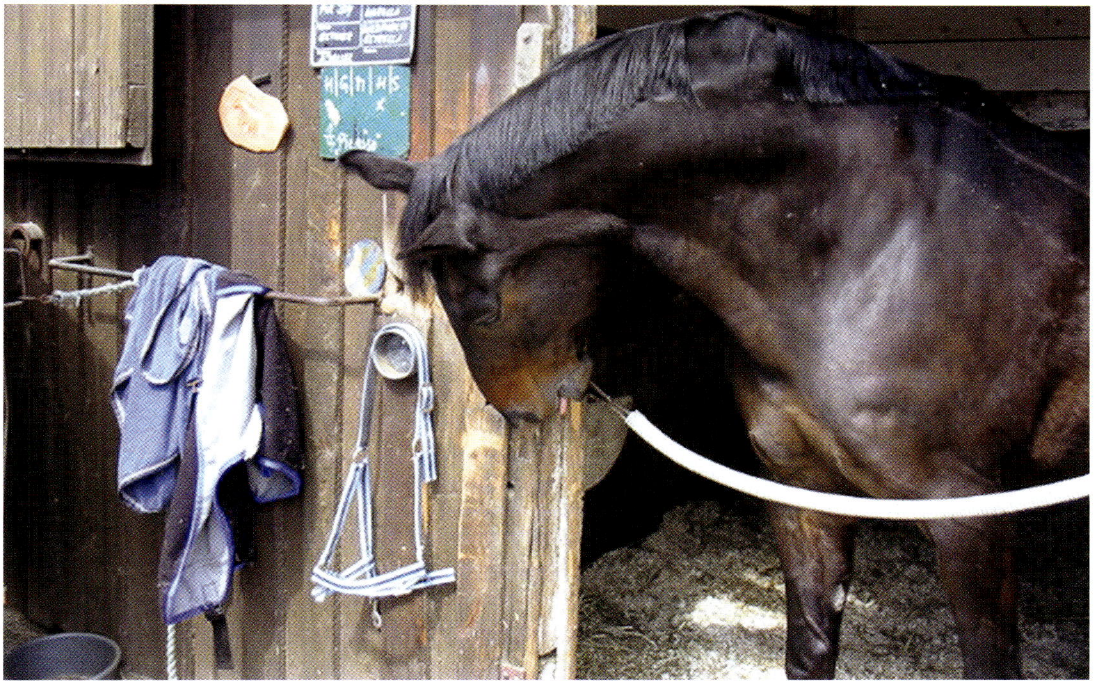

Holzbeißer

In der Regel können wir derartige Stereotypien medikamentös nicht heilen. Ruhigstellen mit einem Beruhigungsmittel ist nur Selbstbetrug. Auch ein Kopperriemen bei Koppern oder Beinfesseln bei Webern lösen das Problem nicht. Sie verstärken es nur. Wenn überhaupt, dann hilft nur die Umstellung in ein anderes Haltungssystem (vor allem Gruppenhaltung) und eine Umstellung des gesamten Managements.

Merke:
Stereotypien sind Krankheiten. Wenn sie auftreten, müssen wir den Pferden helfen, sie nicht bestrafen oder falsch behandeln!

In meinem eigenen Pferdebetrieb habe ich bei vielen neuen Pferden mit Stereotypien Erfolg durch die Umstellung in die Gruppenhaltung gehabt. Bei Stress und Belastung sind sie aber oft wieder gekommen, meist jedoch wesentlich schwächer.

Fazit

Wenn wir uns mit dem Pferd, seiner Entwicklungsgeschichte und seinen vielschichtigen Bedarfsbereichen befassen, gewinnen wir viele wertvolle Informationen für den täglichen Umgang. Pferde benötigen in allen Lebensbereichen eine gute Balance zwischen Bedarf und Bedarfsdeckung.
Gerät die Balance aus dem Gleichgewicht, so führt dies zunächst zu einem Verlust der Gelassenheit. Dann kommt es meist zu Verhaltensstörungen und letztendlich zu schweren körperlichen und seelischen Erkrankungen. Die Verantwortung ist hoch, nur durch genaue Kenntnisse können wir den natürlichen Bedürfnissen der Pferde Rechnung tragen.

Kapitel 4

Gelassenheitspartner Mensch

Pferde leben heute in einer intensiven Lebensgemeinschaft mit uns Menschen. Wir haben die Verantwortung und kümmern uns um die Gestaltung der Lebensräume, um die tägliche Versorgung und um das Wohlbefinden der uns anvertrauten Pferde. Die Kenntnisse über das intensive Netzwerk Pferd-Mensch sind die Basis, alle Lebensbereiche der Pferde und die Nutzwirkungen für uns Menschen zu optimieren.

Netzwerk Pferd-Mensch

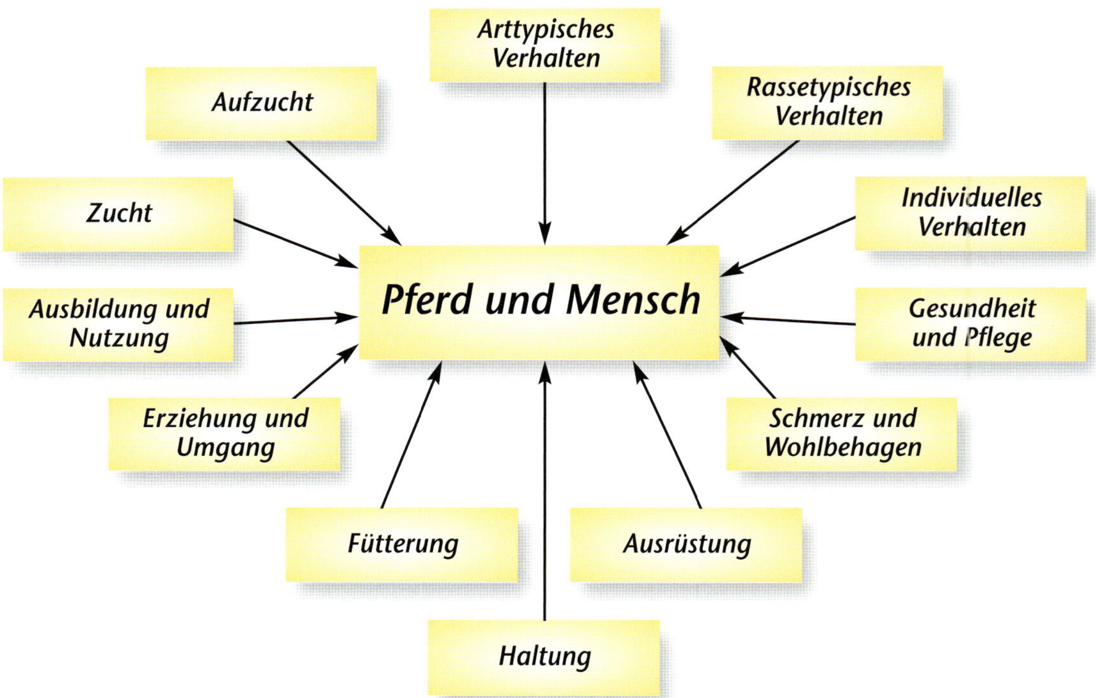

Nur wenn wir alle Einflussfaktoren des „Netzwerkes Pferd“ kennen und sie täglich berücksichtigen, können wir erfolgreich mit Pferden umgehen, sie für unseren Sport einsetzen und sie viele Jahre hinweg zu unseren Partner machen. Störungen in einem oder mehreren „Netzwerk-Bereich/en“ behindern und blockieren den machbaren Erfolg.

Wenn wir alle „Netzwerkbereiche“ optimieren, erreichen wir eine maximale Gelassenheit. Sie ist nie durch Einzelmaßnahmen geprägt, nur das Zusammenspiel aller Faktoren führt dazu.

Gelassenheitstraining für Menschen

Der wesentlichste Faktor im Netzwerk Pferd ist der Mensch. Der Einfluss der Besitzer, Reiter, Pfleger, Ausbilder und Betriebsleiter ist enorm. Nicht zu vergessen sind auch die Fachleute wie Schmied, Tierarzt, Physiotherapeut und Sattler. Sie alle müssen ihre Arbeit koordinieren und individuell auf die jeweiligen Pferde einstellen.

Pferde haben gelernt, sich mit den Menschen zu arrangieren. Dies ist ein Teil der „Überlebensstrategie" der Pferde. Umso wichtiger ist es, dass alle Menschen im Umfeld der Pferde wissen, wie Pferde reagieren, und gefühlvoll darauf eingehen.

Pferde sind der Spiegel der Menschen!

Fachleute erkennen schnell, wie mit den Pferden umgegangen wird. Herrscht in einem Stall ein fachlich kompetenter, verständnisvoller Umgang, so sind die Pferde ausgeglichen und einfach im „Handling". Sie fühlen sich wohl und werden seltener krank.

Leider leben wir in einer Zeit, in der sich viele Pferdefreunde von zahlreichen Meinungen leicht beeinflussen lassen. Das nutzen gewissenlose, selbsternannte „Spezialisten" auch weidlich aus.

Es befassen sich viele Menschen mit Pferden, ohne deren Urbedürfnisse und natürliche Verhaltensweisen wirklich zu kennen und zu respektieren. Da der Mensch als „Höhlenbewohner" ganz andere Bedürfnisse hat als das Pferd als „Steppentier", kommt es sehr häufig zu gravierenden Fehlern im Umgang und in der Nutzung. Hier dürfen wir durchaus etwas selbstkritischer sein!

Je mehr wir über Pferde und ihre natürlichen Bedürfnisse wissen, desto leichter ist es für uns Menschen und desto besser haben es die Pferde. Dies gilt für den Freizeitbereich genauso wie für den Leistungssport.

Merke:

Es ist besser, Menschen zu „verpferdlichen", als Pferde zu „vermenschlichen".

(Zitat Reitmeister Martin Plewa, Leiter der Westfälischen Reit- und Fahrschule, Münster)

Trainieren wir unsere eigene Gelassenheit!

Der moderne Alltag beansprucht uns in der Regel sehr stark. Hektik, beruflicher und privater Druck und immer schneller ablaufende Alltagsprozesse belasten unser Nervenkostüm. Wir sind ungeduldig, stehen unter Spannung und setzen uns selbst oft unter hohen Erwartungsdruck. Dies spüren unsere Pferde und reagieren sehr sensibel darauf.

Es ist daher wichtig, dass wir uns selbst „konditionieren".

Dies geht, es ist zwar nicht für jeden Menschen gleich einfach, aber es kann sehr gut trainiert werden.

Überdenken wir doch unsere Grundeinstellung zum Reiten. Gehen wir gerne in den Stall, freuen wir uns darauf, genießen wir das Zusammensein mit unseren Pferden?

Nicht immer lautet die Antwort „Ja". Oft setzen wir uns selbst unter Druck. Zu wenig Zeit, zu wenig innere Ruhe, eine zu ehrgeizige Einstellung – es gibt viele Gründe, die uns an einem gelassenen Umgang hindern. Achten Sie auf den eigenen Wortschatz: Müssen oder dürfen Sie zum Reiten? Das ist ein ganz großer Unterschied und wirkt sich auf alles aus, was wir mit unseren Pferden machen!

Grundeinstellung und Motivation

Arbeiten wir an unserer Motivation. Nicht der schnelle Erfolg befriedigt, es ist das langfristige, sorgfältig überlegte Aufbauprogramm, das zum echten Erfolg führt. Gehen wir auftretende Ausbildungs- und Umgangsprobleme überlegt an. Analysieren wir immer die Ursachen! Fassen wir es als Herausforderung auf, wenn etwas nicht so funktioniert, wie wir das wollen, nicht als Problem!

Merke:

Pferde machen nichts, um uns zu ärgern. Wenn sie einmal nicht das tun, was wir erwarten, dann müssen wir die Ursachen suchen und abstellen. Meist liegen sie bei uns Menschen!

Das tägliche Programm

Ganz wichtig ist es, uns selbst vor dem Zusammentreffen mit dem Pferd zu entspannen. Eine Tasse Tee oder Kaffee, ein bewusstes Abschalten vom Alltagsstress, einige Atemübungen im Sinne von autogenem Training können dabei sehr gut helfen. Schon auf der Fahrt zum Stall können wir uns entspannen, wenn wir es als bewusste Aufgabe sehen.

Hören Sie leise Musik, lassen Sie den Alltagsstress aus dem Berufsleben hinter sich. Stimmen Sie sich auf die Zeit mit Ihrem Pferd ein. Überlegen Sie, was Sie in der letzten Einheit geübt haben, gab es Probleme oder können Sie auf die Erfolge der letzten Stunden aufbauen? Planen Sie die Zeit genau, die Sie mit Ihrem Pferd verbringen wollen.

Anmerkung des Autors

Nach dem Satteln führe ich mein Pferd meist ein paar Minuten im Schritt. Dabei ziehe ich den Sattelgurt zwei oder dreimal nach, bis er fest anliegt, ohne den Brustkorb einzuschnüren. Und benutzen Sie bitte nie einen so genannten „Gurtspanner"! Das ist ein meist hölzerner Hebel zur extremen Sattelgurtspannung.

Immer dehne ich die Vorderbeine, damit sich die Haut unter dem Gurt entspannt. Meine Pferde genießen dies ausgesprochen und strecken manchmal die Beine von alleine. Und natürlich nutze ich immer eine Aufsitzhilfe, wenn ich eine finde. Dies ist für Pferd, Sattel und Reiter angenehm und schonend. Betrachten Sie ein Pferdeskelett und Sie werden erkennen, welch große Torsionskräfte auf die Pferdewirbelsäule einwirken, wenn ein Reiter vom Boden aus aufsitzt.

Die mentale Vorbereitung

In meiner Zeit als Landestrainer für Pony-Vielseitigkeitsreiter habe ich vor dem Start der Geländestrecke immer ein paar Minuten Entspannungsübungen mit den Reiterinnen (ich hatte nur Mädels in meinem Kader) gemacht. Abseits vom Trubel haben sich die Kinder durch bewusstes Atmen entspannt und sich etwas sehr Schönes, Beruhigendes vorgestellt. Ein schönes Musikstück, ein Spaziergang mit dem Hund, ein leise plätschernder Bachlauf inmitten einer blühenden Wiese – die Kinder sollten sich selbst Bilder suchen, die sie beruhigen und glücklich machen.

Bewusstes Atmen mit geschlossenen Augen zur Entspannung

Sportpsychologen sprechen von einem „Sweaper = Scheibenwischer". Er soll alle störenden Einflüsse aus dem Kopf wischen, um die Konzentrationsfähigkeit dann auf das Wesentliche zu erhöhen. Viele meiner Kaderreiterinnen haben es gelernt und sind damit sehr erfolgreich geritten.

Merke:

Bewusstes Entspannen vor dem Reiten – nicht nur vor schweren Prüfungen – macht gelassen und leistungsbereit. Es ist trainierbar und wirkt immer.

Mentale Entspannungsschritte vor einer Wettkampfprüfung:
Ausgangssituation:
Stress, Aufregung, Angst

1. *Schritt: Weg vom Trubel und bewusstes tiefes Atmen*
2. *Schritt: Körpermuskulatur gezielt anspannen und entspannen*
3. *Schritt: Augen schließen, tief atmen und an Sweaper denken bis innere Ruhe eintritt. Maximal 1–2 Minuten*
4. *Schritt: Augen öffnen und volle Konzentration auf die bevorstehende Aufgabenstellung entwickeln: dynamische positive Mittel-Spannung aufbauen, ohne zu verkrampfen.*
5. *Schritt: ohne weitere Ablenkung (Gespräch, Handy, andere Reiter ansehen o.Ä.) aufs Pferd und*

„Los geht's" – so klappt es!

Statement Dr. Gaby Bussmann
Sportpsychologin und Betreuerin
der Kaderreiter Vielseitigkeit

(links im Bild neben Mannschafts-Weltmeister Frank Ostholt)

Zeitmanagement

Aus vielen Seminaren mit Betriebsleitern, Reitern und Reitlehrern kenne ich das häufige Argument „Ich habe zu wenig Zeit". Das ist eine falsche Einstellung, denn wir haben alle die gleiche verfügbare Zeit. Wir teilen sie nur unterschiedlich gut ein.

Natürlich haben wir auch unterschiedliche Verpflichtungen, was zu ungleichen Lastenverteilungen führt. Stress im Pferdesport ist oft Stress, den wir aus anderen Lebensbereichen mitnehmen! Da müssen wir ganzheitlich reagieren. Dann müssen wir das Gelassenheitstraining auf alle Lebensbereiche ausdehnen! Immer an die Ursachen gehen, nicht die Symptome bekämpfen.

Planen wir täglich 10 bis 20 Minuten mehr für das Thema „Reiten" ein. Vermeiden wir „Zeitfresser" wie unnötige Plaudereien und organisieren die einzelnen Aufgaben des täglichen Reitens besser. Nutzen wir die gewonnene Zeit, uns selbst zu entspannen. Gehen wir mit unserem Pferd vor der eigentlichen Arbeit mindestens fünf Minuten spazieren, lassen es grasen und stellen den sozialen Kontakt und die notwendige Ruhe her. Aktivieren wir unseren ganz persönlichen „Sweaper".

Das Pferd zwischen den Prüfungen entspannen lassen

Merke:

Jede Hektik aufgrund schlechten Zeitmanagements wirkt sich negativ auf die Gelassenheit von Pferd und Reiter aus!

Schaffen wir einen inneren Abstand zu den Belastungen aus Beruf und Privatleben. Nur so sind wir in der Lage, auf das Pferd einzugehen und seine oft sehr leisen Wünsche und Bedürfnisse zu hören. Pferde sagen uns sehr genau, wie es ihnen geht, wir sind nur so mit uns selbst beschäftigt, dass wir es oftmals „überhören".

Rituale

Holen und Begrüßen

Entwickeln wir gleichmäßige individuelle Rituale mit unseren Pferden. Pferde lieben wiederkehrende Abläufe und stellen sich bestens darauf ein. Das „Aus-der-Box- oder -Gruppe-Holen“, das Begrüßen, das Aufhalftern, das Führen, Anbinden und Putzen – alles sollte in Ruhe und Gleichmaß ablaufen. Das schafft Vertrauen und Gelassenheit. Es ist daher genau zu planen und zeitmäßig einzutakten.

Merke:

Rituale schaffen Vertrauen. Erkunden wir, welche Maßnahmen unsere Pferde wirklich beruhigen und entspannen.

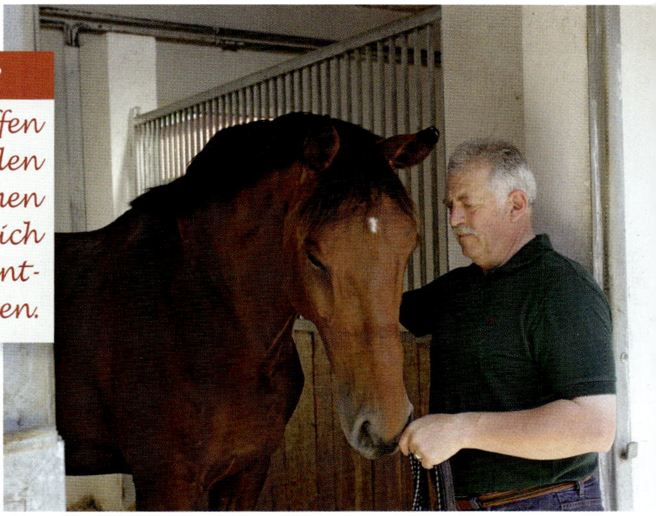

Erster Kontakt in der Box

Putzen und Pflegen

Wie gerne haben es Pferde, vor dem Putzen einmal mit der flachen Hand am ganzen Körper gestreichelt zu werden? Sie entspannen sich sehr schnell und wir können so den Pferdekörper kontrollieren. Wo sind warme Stellen, wo ist der Muskel verspannt, sind die Sehnen klar und die Hufe kalt?

All dies können wir dabei feststellen und das Pferd lernt, sich zu entspannen und genießt den Körperkontakt. Das dauert keine fünf Minuten und bewirkt doch sehr viel.

Empfindliche Pferde lieben weiche Bürsten mit langen Borsten – warum müssen wir immer die harten Wurzelbürsten einsetzen, wenn die Pferde es nicht mögen? Natürlich sollten wir gefühlvoll putzen, um die Talgschicht nicht zu schädigen – sie bewirkt, dass das Regenwasser abläuft, ohne die Haut zu berühren!

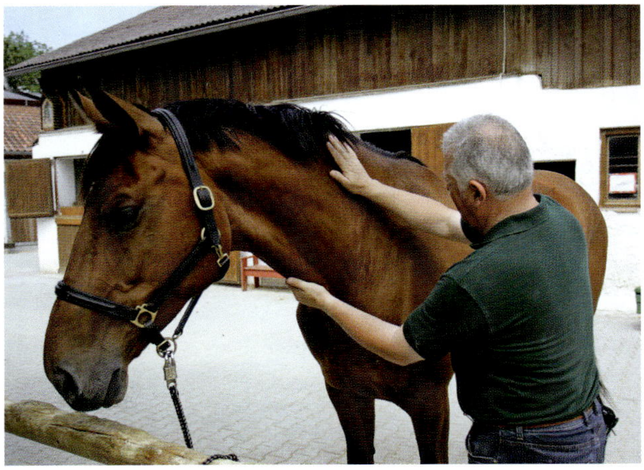

Hals abtasten

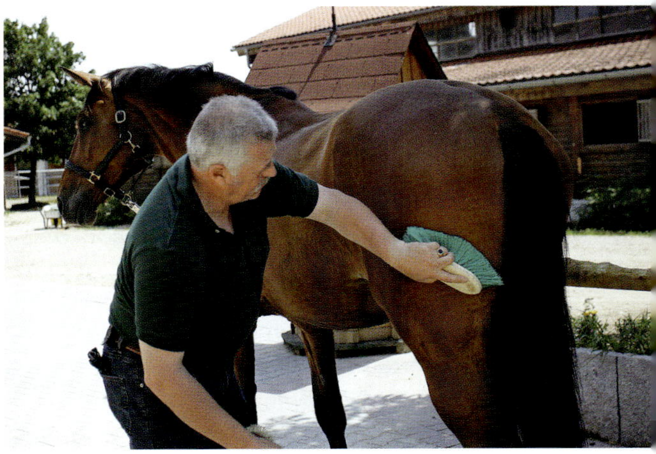

Eine weiche Bürste mit langen Borsten empfinden Pferde als angenehm.

Merke:

Pferde lieben Rituale, d.h. wiederkehrende Abläufe und Vorgänge. Entwickeln wir daher unsere eigenen Rituale mit den Pferden – individuell und liebevoll!

Satteln und Trensen

Auch das Anlegen des Sattels und der Trense kann zum Ritual werden. Pferde mit einem empfindlichen Rücken entspannen sich viel schneller, wenn dem Satteln oder Trensen ein Stück Zucker oder ein Leckerli vorausgeht. Das Unangenehme wird mit etwas Angenehmem verbunden, das Pferd lernt, auch unangenehmere Vorgänge gelassen zu ertragen. Manche Pferde genießen es und entspannen sich sehr gut, wenn sie vor dem Reiten zehn bis 15 Minuten unter ein Besonnungsgerät gestellt werden. Das wirkt oft mehr als nach dem Reiten!

Auftrensen

Unpassendes Stallhalfter

Ausrüstungsfragen

Pferde reagieren sehr empfindlich auf schlecht sitzendes oder ungeeignetes Sattelzeug. Da sie eine hochempfindliche Haut mit vielen Rezeptoren haben, fühlen sie jede Falte, jeden Druck und jede Reibung des Sattels, des Kopfgestells oder der Gamaschen.

Anzeichen für Probleme, die auf die Ausrüstung zurückzuführen sind, finden wir wieder bei der täglichen Kontrolle mit der flachen Hand:

- Erwärmungen
- Haarverkürzung
- Offene Stellen
- Schwellungen
- Empfindsamkeit

Absolut unpassend – viel zu tief sitzendes Zaumzeug. Außerdem: nie mit Gebiss fressen lassen!

Diese Indizien für eine Störung dürfen wir nicht übersehen. Falsch oder schlecht angepasste Ausrüstung sind oft die Ursache für reiterliche Probleme. Selbst der Pflegezustand der Satteldecke kann einen Einfluss auf das Wohlbefinden haben.

Woran erkennen wir am Verhalten des Pferdes, dass etwas mit dem Equipment nicht stimmt? Als aufmerksamer Pferdefreund registrieren wir als Erstes eine geringere Gelassenheit. Unmutssignale wie Kopfschlagen, Hautzucken, Schweifschlagen – das sollten wir nicht übersehen. Als Reiter fühlen wir es an der Art der Bewegungen. Spannungen treten auf, ebenso wie ungleiche Durchlässigkeit. Im Extremfall kommt es zu Schwierigkeiten in der Ausführung der Lektionen bis hin zu starker Widersetzlichkeit.

Finden wir nicht die Ursache auf Anhieb, dann befragen wir Tierarzt und Sattler. Oft hilft ein bisschen Nachpolstern, ein breiteres und weicheres Kopfstück oder ein neues Gebiss – vielleicht ist das alte einfach ausgeschlagen und verursacht Schmerzen. Zu enge Gamaschen können sogar Sehnenscheidenentzündungen verursachen!

Putzen der Trense

Regelmäßige Pflege wie Putzen und Einfetten der Lederteile und das Waschen der textilen Ausrüstungsteile verhindert, dass Pferde unter Ausrüstungsproblemen leiden.

Ein wichtiger Aspekt ist auch die richtige Wahl der Ausrüstung. Welcher Sattel, welche Zäumung, falls überhaupt nötig, welcher Hilfszügel?

Hier geben die einzelnen Reitweisen recht genaue Informationen. Im Zweifelsfalle empfehle ich immer die Abstimmung mit einem qualifizierten Experten. Hüten Sie sich vor allen scharfen Gebissen, sie gehören – wenn überhaupt – in die Hand eines Profis. Sie ersetzen niemals das notwendige Können jeden Reiters. Gutes Reiten ist die Grundlage jeder Reitweise – gute Reiter brauchen keine „scharfen Teile".

Manche Ausrüstungsteile schaden, ohne dass es der „normale" Pferdefreund weiß. Ausgeschlagene Olivenkopfgebisse und Wassertrensen gehören dazu, ebenso wie das Reiten ohne Nasenriemen. Im Westernsport wird viel ohne Nasenriemen geritten. Das führt oft zu aufgerissenen Pferdemäulern bei den Zügelhilfen! Sicher darf der Sperrriemen nicht zu eng geschnallt werden, lassen wir ihn aber weg, dann kommt es sehr oft zu Entzündungen bis hin zu Luxationen im Kiefergelenkbereich, wenn die Reiterhand zu hart einwirkt.

Kontrollieren Sie regelmäßig die Ausrüstung Ihres Pferdes und achten Sie auf die vielen kleinen Signale, die uns die Pferde grundsätzlich geben, bevor größerer Schaden entsteht.

Der richtige Beschlag

Gerade in der letzten Zeit sind viele teils emotionale, teils sehr vernünftige Diskussionen über den richtigen Beschlag und die passende Hufpflege geführt worden. In jedem Falle spielen die Hufe der Pferde eine sehr wichtige Rolle. „No hoof, no horse" – gilt immer und ein Pferdeleben lang.
Je nach Nutzung, Hufkonsistenz und Beschaffenheit der Böden oder aufgrund orthopädischer Notwendigkeit ist ein Schutz der Hufe erforderlich. Der Freizeitreiter mit einem Pferd mit harten Hufen und weichen Bodenverhältnissen im Gelände kommt sicher ohne Eisen aus. Der Dressurreiter, der nur auf gepflegten Reitplätzen unterwegs ist, benötigt auch keine Eisen. Der Geländereiter, der Springreiter oder der Reiter in einer steinigen und bodenharten Umgebung benötigt immer Hufeisen (Metall oder Kunststoff) oder Hufschuhe.

Kontrolle des Nagelabriebs

Generell gilt: Ist der Hufabrieb zu groß oder die Rutschsicherheit des Pferdes gefährdet, muss der Reiter Abschied nehmen vom „Barhufgedanken". Wer die Warnsignale wie mangelnde Gelassenheit, Empfindsamkeit bis hin zu Taktstörungen ignoriert, handelt tierschutzwidrig. Ebenso der vermeintliche Pferdefreund, der aus Überzeugung oder Fanatismus sein schmerzempfindliches oder gar lahmendes Pferd längere Zeit barhuf gehen lässt in dem Irrglauben, das würde sich schon von alleine entwickeln!

Wichtig ist auch der Einsatz von Stollen. Gerade auf glatten Rasenplätzen oder bei Geländeprüfungen sind sie unerlässlich. Ermöglichen die Bodenverhältnisse keine ausreichende Rutschfestigkeit, müssen Stollen diese herbeiführen. Sonst gehen die Pferde verspannt und können nicht die gewünschte Balance mit dem Reitergewicht finden. Gelassenes Reiten ist dann nicht möglich. Aber Stollen immer direkt vor dem Reiten einschrauben und nach dem Reiten entfernen. Sonst entstehen Beinschäden!

Eisen mit eingedrehten Stollen bei einem Springpferd

Für mich als Hufschmied sind Ruhe und Gelassenheit besonders wichtig. Meine eigene Gelassenheit resultiert aus meinem Wissen und meiner Erfahrung. Um die des Pferdes sollten sich die Menschen kümmern, die dafür verantwortlich sind.

Ausschneiden, Beschlagen oder Hufpflege stellen besondere Situationen für Pferde dar. Sie müssen erlernt und geübt werden. Probleme sind mit Ruhe und Konsequenz zu lösen. Hat das Pferd gelernt, dass der Hufschmied mit seiner Arbeit weder Gefahr noch Schmerzen verursacht, hat man auf Dauer ein schmiedefrommes Pferd.
Der erfahrene Hufschmied, der ruhig und gelassen arbeitet, trägt dazu bei, diese Ruhe auf das Pferd zu übertragen. Der erfahrene Pferdebesitzer weiß, dass auch er zu einer entspannten Atmosphäre etwas beitragen muss: Er wählt den Beschlagplatz so, dass der Schmied einen sauberen und gut beleuchteten Platz vorfindet, der etwas abseits des allgemeinen Trubels liegen sollte.
Selbstverständlich bringt der Besitzer sein Pferd geputzt und mit ausgekratzten und gereinigten Hufen zum Beschlagplatz. Sonst ärgert sich der Schmied und verliert seine Gelassenheit!
Bereits im Fohlenalter ist regelmäßig das Aufheben der Hufe zu üben. Nur so wird das Pferd optimal auf das erste Ausschneiden oder den ersten Beschlag vorbereitet.
Je gelassener ein Pferd beim Schmied ist, desto besser wird das Ergebnis!

STATEMENT BJÖRN OPHOVEN
SCHMIED BEI DEN OLYMPISCHE SPIELEN IN ATHEN UND DEN WELTREITERSPIELEN IN AACHEN

Hufzustand und/oder Beschlag müssen so beschaffen sein, dass die Pferde nicht leiden oder Schaden nehmen und dass die Sicherheit von Pferd und Reiter nicht gefährdet ist. Ein Pferd, das bei glatten Böden immer wegrutscht, kann nicht gelassen sein und stellt eine große Gefahr für sich und seinen Reiter dar. Wenn das Pferd bei jedem Bein aber zappelt, unruhig ist oder gar schlägt, kann kein Pferdebesitzer mit einem optimalen Beschlag rechnen.

Zum Thema Beschlag zählt auch die Gelassenheit beim Schmied. Es ist keine leichte Arbeit und es gehört viel Wissen und Erfahrung dazu, Pferde korrekt auszuschneiden oder zu beschlagen. Es ist daher für ein gutes Ergebnis und einen sicheren Arbeitsvorgang wichtig, sein Pferd so zu erziehen, dass es beim Ausschneiden und Beschlagen ruhig und gelassen bleibt.

4.1 Trainieren wir die eigenen Reaktionsmechanismen

Wir Menschen sind sehr unterschiedlich. So wie es sehr verschiedene Pferdetypen gibt, so mannigfaltig sind wir Menschen in unseren Reaktionsweisen.

Ich habe versucht, uns Menschen in unterschiedliche „Gelassenheitstypen" zu differenzieren. Vielleicht erkennen Sie sich in dem einen oder anderen Typus wieder! Wenn Sie dabei etwas schmunzeln müssen, dann ist es gut – denn Lächeln ist ein wichtiger Baustein der Gelassenheit!

‹ Der Apathiker
Ihm ist alles egal, was um ihn herum vorgeht. Er lebt in seiner Welt und reagiert kaum auf das, was neben ihm passiert.

Der Ignorant ›
Er registriert zwar alles in seinem Umfeld, lässt sich aber kaum beeindrucken. Er ist so mit sich beschäftigt, dass er gar nicht merkt, ob ein Problem auf ihn zukommt.

‹ Der Analytiker
Er analysiert alles und jedes, was mit ihm und seinem Pferd passiert. Dabei übersieht er, dass nicht alles über den Kopf zu steuern ist. Einfühlungsvermögen und intuitives Reagieren sind ihm fremd.

Der Unsichere ›
Er stellt alles infrage. Egal, was er vorhat, er sieht immer erst ein mögliches Scheitern. Was er macht, macht er halbherzig, denn es könnte ja schief gehen.

‹ Der Gelassene
Er nimmt alles wahr, was um ihn und sein Pferd geschieht. Er ist vorausschauend und kennt seine Reaktionen und die seines Pferdes. Er ist immer auf Empfang und bewusst in seinen Verhaltensweisen. Er kommt am besten mit neuen Situationen zurecht, auch, wenn sie sich primär auf das Pferd auswirken.

Der Panische ›
Für ihn sind der gesamte Umgang mit dem Pferd und das Reiten ein permanenter Stress. Ängste und Panikreaktionen prägen sein Leben mit dem Pferd. Warum er reitet, weiß er eigentlich gar nicht!

Der Nervöse
Er rechnet immer mit Störungen aller Art. Manchmal ahnt er auch schon Gefahren, die gar nicht existieren. Und weiß natürlich immer, dass sein Pferd
und er gleich furchtbar erschrecken werden.

Der Ängstliche
Schon der Gedanke an das Reiten lässt seine Pulsschläge steigen. Jedes Zucken seines Pferdes führt zu Schweißausbrüchen. Vor dem Aufsitzen noch schnell zur Toilette. Und wenn er erst mal auf dem Pferd sitzt, verkrampfen sich Magen, Muskeln und Nerven.

Der Choleriker ›
Er reagiert oft unbeherrscht und jähzornig auf vermeintliche Fehler des Pferdes. Dabei übersieht er, dass er meistens selbst die Ursache für die entstandenen Probleme ist!

Merke:
Wenn wir nun wissen, zu welchem „Gelassenheitstyp" wir uns zurechnen, haben wir schon einen wichtigen Schritt in die richtige Richtung gemacht. Dann sind wir in der Lage, an uns zu arbeiten.

Ängste und Blockaden

Entdecken wir unsere Schwachstellen und überlegen uns, wie wir unsere Probleme lösen können. Denn je besser unsere eigene Gelassenheit wird, desto einfacher ist es für uns, auch unsere Pferde entsprechend zu trainieren.

Scheuen wir uns auch nicht, über mentale Probleme mit unseren Ausbildern zu sprechen. Mit ihrer Erfahrung können Sie uns auch sehr oft helfen, Ängste und überzogene Reaktionen zu reduzieren.
Und es wäre doch schade, wenn wir uns in der Ausbildung von Pferd und Reiter nur auf die mechanischen und nicht auch auf die mentalen Bereiche

Ängste sind normal – lassen sich aber fast immer abbauen

So kann Angstverhalten auf dem Pferd aussehen.

konzentrieren. Hier stecken noch viele ungenutzte Ressourcen im Umgang und Training von Pferd und Reiter. Dies ist auch eine große Chance für viele Ausbilder, erfolgreicher zu arbeiten! Einige Reitschulen haben sich geradezu darauf spezialisiert, Reiten ohne Angst zu vermitteln. Denn Angst ist ein normales Gefühl, das Pferd und Reiter oft ein Leben lang begleitet.

Angst führt zu Blockaden, die uns daran hindern, zu einer harmonischen Einheit mit den Pferden zu werden. Angst löst Verkrampfungen aus, die es uns unmöglich machen, geschmeidig einzuwirken. Angst ist ein Grundgefühl wie Liebe, Freude, Wut oder Trauer. Was zu Hause prima klappt, funktioniert oft unter Turnierstress überhaupt nicht. Wir haben Angst, uns zu blamieren und blockieren damit selbst das mögliche gute Resultat.

Hier hilft die Gelassenheit enorm. Das Mentaltraining vermittelt die Fähigkeiten, durch bewusstes Denken Leistungen zu steigern und Erfolge zu realisieren. Innere Potenziale und Ressourcen werden freigesetzt, wir lernen, unbekannte Situationen zu verarbeiten. Mut, Geduld, Vertrauen zum Pferd und der Glaube an sich selbst können erlernt und trainiert werden.

Merke:

Wichtig ist es, sich mit seinen Ängsten zu befassen und sie als etwas Normales zu betrachten. Angst zu haben ist das eine, damit gelassen umzugehen das andere! Und das ist lernbar und trainierbar - sowohl für Pferd wie für den Reiter.

Fotos entnommen aus: Gine Willrich. „Angstfrei reiten. Ein Ratgeber und Arbeitsbuch." FN*verlag*, Warendorf 2004

Pferd und Reiter passen bestens zusammen!

4.2 Das passende Pferd

Wichtig in diesem Zusammenhang ist es, den passenden Pferdetyp zu finden. Die „Chemie" muss stimmen. Es macht keinen Sinn, als nervöser Reiter sich ein ebenfalls nervöses Pferd zuzulegen. Das geht selten gut. Leider gehen viele Verkäufer und Ausbilder nicht auf die mentale Basis von Pferd und Reiter ein. Beim Kauf eines Pferdes ist es daher wichtig, wie Pferd und Mensch zusammenpassen. Dies müssen wir genauso beachten wie das Spring- oder Dressurtalent des neuen Pferdes.

Merke:

Pferd und Reiter müssen zusammenpassen. Vieles ist erlernbar, optimale Leistungen benötigen aber auch die vollendete Harmonie der beiden Charaktere und Temperamente!

Auch das eigene Können muss dabei ebenso berücksichtigt werden wie die fachliche Betreuung, die Pferd und Reiter nach dem Kauf erhalten. Nur der Profi hat es in seiner Ausbildung gelernt, mit allen Pferdetypen zurechtzukommen. Und gerade er wird sich für seinen eigenen Sport ein Pferd aussuchen, das mental zu ihm passt. Bei allem Können in der Ausbildung weiß der gute Reiter genau, dass zum dauerhaften Erfolg mehr gehört, als nur Lektionen oder Distanzen zu trainieren. Im Pferdesport müssen Pferd und Reiter zu einer harmonischen Einheit werden. Und das ist weit mehr als nur der mechanische Ablauf erlernter Bewegungsabläufe. Charisma und Ausstrahlung sind das Ergebnis mental und körperlich zusammenpassender „Paare" im Pferdesport.

4.3 Das eigene körperliche Training

So wichtig es für uns Reiter ist, uns mental auf den Pferdesport vorzubereiten, so wichtig ist auch die eigene Fitness. Schon lange haben wir erkannt, dass wir Reiter Teil einer sportlich-harmonischen Einheit sind bzw. sein sollen. Und doch konzentrieren wir uns überwiegend auf die körperliche Ausbildung unserer Pferde. Dabei sind wir oft selbst zu steif und ungelenk, manchmal auch einfach zu schwer. Oft haben wir übersehen, die zum Reiten nötigen Muskelpartien zu entwickeln. Gerade der Reitsport benötigt ganz andere körperliche Voraussetzungen als zum Beispiel athletische Sportarten.

Fit für's Reiten

Gute Ausbilder schulen daher auch ihre Reiter durch spezielle Gymnastik, Dehnungs- und Kräftigungsübungen. Es würde den Rahmen dieses Buches sprengen, hier auf die vielen Möglichkeiten einzugehen.

Vor dem Reiten ein paar Lockerungsübungen, ein gezieltes „Warming-up" und regelmäßige Sitzübungen auf dem Pferd dienen dazu, das Reiten zu verbessern. Lassen Sie sich doch regelmäßig auf Ihrem Pferd longieren. Entspannen Sie sich dabei und fühlen Sie sich in das Pferd hinein, ohne an all die vielen Details bei der Lektionenausübung zu denken. Als Sportreiter wie auch im Freizeitsport sollten die Reiter ihre Sportlichkeit parallel zum Reiten trainieren. Gymnastik, Schwimmen, Joggen, Wandern und Gewichtskontrolle sind genauso wichtig wie das Longieren oder das Fitnesstraining der Pferde.

Nur wenn beide Partner fit sind, klappt der Sport langfristig. Dabei werden auch die eigenen Reaktionen trainiert. Wir können mit unserem Körper Harmonie- und Balancestörungen viel besser ausgleichen, wenn wir elastisch und fit sind. Und ab und zu sollten wir auch gezielt Fallübungen machen. Denn fast jeder Reiter kann einmal in die Situation kommen, sich von seinem Pferd zu trennen. Dann sollten wir nicht panisch reagieren, sondern genau wissen, wie wir fallen, und uns geschmeidig abrollen können.

Merke:

Nur ein körperlich trainierter Reiter ist in der Lage, mit seinem Pferd zu einer sportlichen Funktionseinheit zusammenzuwachsen.

Fotos entnommen aus: Dr. Petra Hölzel. „Mit dem Pferdesport aktiv bleiben. Mehr Lebensfreude durch den Umgang mit Pferden." FN*verlag*, Warendorf 2004

4.4 Ich leiste mir Gelassenheit

Diesen Satz habe ich in dem Leitartikel einer Verbandszeitschrift gefunden. Der Verfasser geht damit sehr gut auf die Wechselwirkung zwischen Pferd und Mensch ein.
Das Pferd ist der Spiegel unserer Seele und umgekehrt. Durch die Erziehung der Pferde zur Gelassenheit erziehen wir uns selbst.

Deshalb dürfen wir Pferde nicht vermenschlichen. Dies führt zu Misserfolgen. Freude und Euphorie verwandeln sich schnell in Enttäuschung, Wut und Ungeduld. Reaktionen entstehen, die wir oft schon sofort bereuen, die wir aber nicht rückgängig machen können. Da Pferde ein gutes Gedächtnis haben und Vertrauen ein zerbrechliches Gut ist, sollten wir diesen Teufelskreis schnell durchbrechen und an unserer eigenen Gelassenheit arbeiten. Sie verhindert Ungerechtigkeiten und jähzornige Reaktionen, die uns in Sekundenbruchteilen um Wochen und Monate in der Ausbildung unserer Pferde zurückwerfen.

4.5 Und noch ein Tipp – das Handy

Das Handy ist ein wichtiger Begleiter in unserem Leben geworden. Reiten wir ins Gelände, so sollte es nie fehlen. Die Notfallnummern sind natürlich eingespeichert. Schalten Sie aber bitte immer den Anrufton aus. Kein Anruf darf Sie stören. Jetzt sind Sie nur für Ihr Pferd da, es hat es verdient und es versteht wirklich nicht, warum aus jeder Gangart beim Ertönen eines Signaltones durchpariert werden muss, hektisch nach dem Handy gesucht wird, um dann – meist – über völlig belanglose Themen zu plaudern!

Ich kenne sogar schon einige Pferde, die beim Handyklingeln von alleine zum Schritt durchparieren!!

Und in der Hallenarbeit hat es gar nichts zu suchen. Weder bei Ihnen noch bei Ihrem Ausbilder. Es ist ungezogen und stört gewaltig, wenn in der Halle ständig ein Handy piepst, klingelt oder sonst wie ertönt. Und es kann doch wirklich niemand behaupten, dass er sich dann noch gut auf sein Pferd einstellen kann.

Im Telefonat versunken

Erfreulich, dass in guten Pferdebetrieben in den Hallen bereits Handyverbot besteht!

Gönnen wir uns beim Reiten einfach eine handyfreie Zeit – genießen wir es und betrachten es als einen Baustein zu unserer Gelassenheit. Dies ist auch eine wichtige Empfehlung für unsere Ausbilder und Reitlehrer. Denken Sie bitte daran, dass der Kunde Sie für das Bereiten seines Pferdes und für den Unterricht bezahlt – nicht für das Telefonieren mit Dritten.

Merke:

Die Gelassenheit der Pferde beginnt bei der Gelassenheit der Menschen! Vermeiden wir alles, was uns beim Reiten stört!

Gelassenheit im Westernsport

Die Gelassenheit in der Zucht unserer modernen Westernpferde spielt heute eine eminente Rolle. Es werden sogar disziplinspezifisch Pferde gezogen, die das Nervenkostüm bzw. die Gelassenheit mitbringen, die heute im Turniersport erforderlich ist. Besonders beim modernen Reininghorse wird auf die Gelassenheit geachtet.

Gelassenheit beinhaltet jedoch auch das Element „Reaktionsfähigkeit" beim Pferd, das ich als „elektrisch" bezeichne. Dies hat nichts mit leicht erregbarer Nervosität zu tun. Es ist eine Eigenschaft, ohne die der moderne Westernsport nicht mehr auskommt. Mit diesem sogenannten „Pep" kommt ein Amateur nur schwer klar. Daher züchten wir zunehmend Sport- und Freizeitpferde mit verschiedenen Zielrichtungen.

Eine erlernte Gelassenheit ist direkt proportional zum gegenseitigen Vertrauen. „Abgerichtete Pferde" zeigen ihre innere Spannung sehr häufig und sie überreagieren entsprechend oft. Und zu sehen ist es für den Fachmann fast immer!

Mein „Okie" ist ein Paradebeispiel der erworbenen Gelassenheit: mit 21 Jahren arbeitet er immer noch punktgenau in den schwierigsten Lektionen. Er kann auf meine Hilfen „Warten" und reagiert auf den leisesten Impuls mit 100% Leistung.

Wir sind ein gelassenes Team!

STATEMENT JEAN CLAUDE DYSLI
ALTMEISTER DES WESTERNSPORTES
KÖNNER, KÜNSTLER, HORSEMAN

Kapitel 5

Der Weg zur Gelassenheit

Jetzt wollen wir uns mit vielen praktischen Empfehlungen befassen, das Element der Gelassenheit in der Ausbildung und im Umgang mit Pferden in den Mittelpunkt zu stellen. Nicht als Ersatz für die jeweiligen Ausbildungswege, sondern als wichtiges ergänzendes Instrument, Erfolge in der Ausbildung zu erzielen, die nachhaltig und solide sind. Dies gilt für alle Reitweisen und Ausbildungsrichtungen.

Merke:

Gelassenheit ist kein einmalig erreichter Dauerzustand. Der Weg zur Gelassenheit ist ein permanenter Prozess, der niemals ans Ziel kommt!

Über eines müssen wir uns im Klaren sein: Jedes Pferd und jeder Reiter sind anders. Gelassenheit ist immer nur relativ und niemals absolut zu sehen. Wir können nur im Rahmen der individuellen Möglichkeiten und Grenzen der Pferde und der Menschen an deren Gelassenheit arbeiten. Das Ergebnis lässt sich nicht normen oder vereinheitlichen.

Je nach Veranlagung, Temperament und Lebensverhältnissen können wir eine mehr oder weniger große Verbesserung der Gelassenheit erreichen. Auch dürfen wir unsere eigenen Fähigkeiten nicht vergessen. Je kompetenter wir in der Ausbildung unserer Pferde sind, desto besser werden die Ergebnisse – nicht nur im Bereich der Gelassenheit.

Funktionskreis Ausbildung zur Gelassenheit

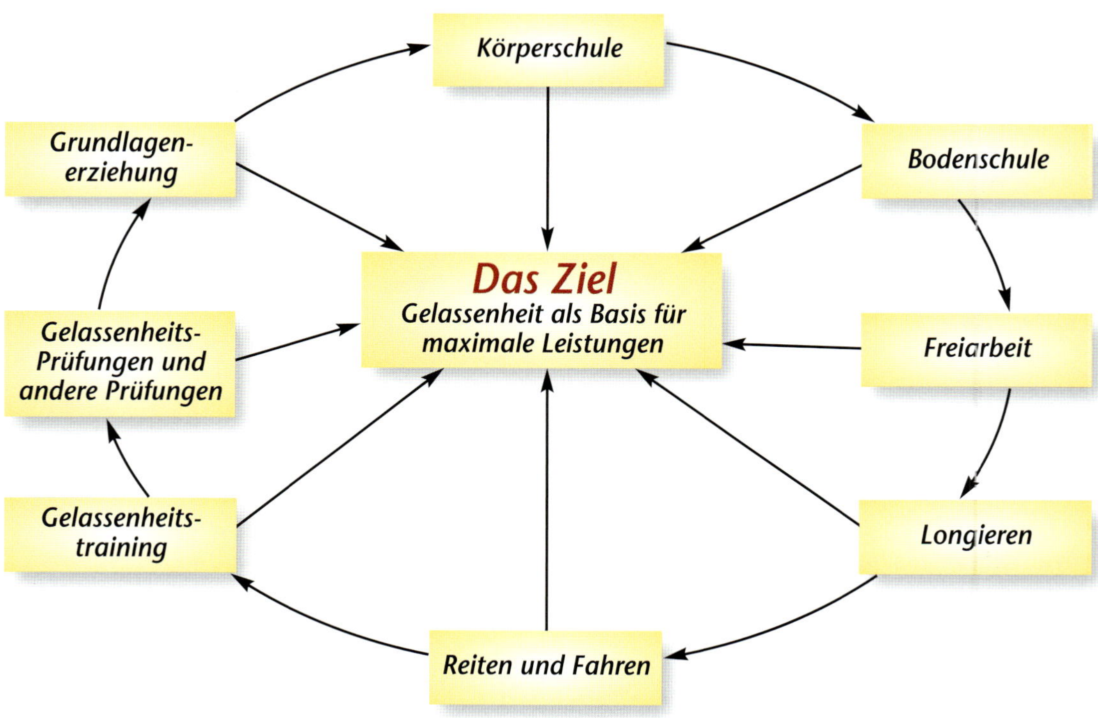

Lernprozesse beim Pferd

Pferde sind keine Menschen! Sie können nicht durch Erklären oder durch die Analyse einzelner Lerninhalte lernen. Auch ist das Lernvermögen individuell durchaus unterschiedlich – hierin sind sich Pferde und Menschen ähnlich, was nur von wenigen Eigenschaften gesagt werden kann!

Die Verhaltensforschung hat in den letzten Jahrzehnten enorme Fortschritte gemacht. Verhaltenspioniere wie Klaus Zeeb, Konrad Lorenz, Hans Hinrich Sambraus, Margit Zeitler-Feicht und andere haben das Verhalten unserer Pferde erforscht und transparent gemacht. Gerade das Lernverhalten der Pferde ist für die tägliche Nutzung enorm wichtig.

Die Lernfähigkeit ist zwar genetisch fixiert, kann aber sehr unterschiedlich ausfallen. Deshalb ist es wichtig, Pferde bereits als Jungtiere an Lernprozesse zu gewöhnen und dies ein Pferdeleben lang zu praktizieren. Viele Pferde sind heute geistig unterfordert, da es ein Trend in der Ausbildung ist, Pferde nur mechanisch zu trainieren. Natürlich müssen Lektionen und Fähigkeiten oft wiederholt werden, wenn wir dies aber in einen für Pferde nachvollziehbaren Lernprozess integrieren, so tritt der Erfolg deutlich schneller ein.

Merke:

Wichtig ist zu wissen und zu erkennen, welche Lernvorgänge ein Pferd begreifen kann und welche nicht!

Die Lernbereitschaft der Pferde muss gefördert werden, z.B durch Lob, viel Abwechslung und verständliche Impulse. Überforderung, Angst oder gar Panik hingegen führen zu Lernblockaden.

Strafen: Fehlersuche und Lösungswege

Übereifrige Pferde oder falsch verstandene Impulse machen – zumindest aus Sicht der Menschen – oftmals Probleme. Denn Pferde machen dann etwas ganz anderes, als wir Menschen es erwartet haben. Nun müssen wir erst einmal feststellen, ob wir uns unklar ausgedrückt haben, d.h. eine für das Pferd unverständliche Hilfe (= Impuls) gegeben haben.

Fast immer liegen die Ursachen bei uns, nicht beim Pferd. Manche Pferde neigen aber auch dazu, über das Ziel hinauszuschießen und müssen „begrenzt" werden. Oder sie legen es auf einen Rangordnungskampf mit dem Menschen an. Dann müssen wir klar und verständlich Grenzen setzen. Mit der Stimme, mit der Einwirkung der Hilfen oder – auch das verstehen Pferde – durch Strafe.

Klare Dominanz

Als Herdentier mit permanenter Rangordnungsfindung verstehen Pferde auch eine deutliche Sprache – denken Sie an das Drohen und das Umsetzen von Rangordnungsgesten wie Beißen oder Schlagen. Hier sind Erfahrung und Kompetenz des Ausbilders gefordert, die Strafart und das Strafmaß so einzusetzen, dass Pferde einerseits ihre Grenzen kennenlernen (auch zur Sicherheit von Pferd und Reiter), auf der anderen Seite aber das Vertrauen nicht verlieren.

Klarstellen der Rangordnung

Strafen sind nur selten sinnvoll, zeigen kaum die gewünschte Wirkung. Ein Schlag mit der Gerte erklärt dem Pferd nicht, dass wir eine falsche Hilfe gegeben haben, falsch sitzen oder sonst einen Fehler gemacht haben. Strafen sind erforderlich, wenn Pferde aufgrund dominanzbedingter Aggression Verhalten entwickeln, die sich und den Menschen gefährden.

Langfristig erfolgreich ist nur der Weg über das Loben, nicht der über das Strafen. Mit Strafen kann man nur verhindern, dass ein Pferd etwas tut, man kann es aber nicht zur Mitarbeit motivieren.

Merke:

Gute Reiter benötigen keine Hilfszügel (Schlaufzügel oder Ähnliches). Wer sie - dauerhaft - benötigt, ist kein guter Reiter!

Als Strafe muss auch der falsche und übertriebene Einsatz von Hilfszügeln beurteilt werden. Wer permanent mit Schlaufzügel, Halsverlängerer oder Ausbinder reitet, zwingt es in eine unnatürliche Körperhaltung. Dies versteht das Pferd als Strafe und widersetzt sich oder – was oft noch schlimmer ist – ergibt sich seinem Schicksal, es resigniert und leidet. Nur der erfahrene und kompetente Reiter sollte sich dieser Hilfsmittel bedienen und deren Einsatz zeitlich begrenzen.

Schlaufzügel

Missbrauch des Schlaufzügels

Ausbinder

Die artgemäße Ausbildung von Pferden ist über Jahrhunderte von erfahrenen Pferdemenschen entwickelt worden und so perfektioniert, dass der Einsatz von unterwerfenden Hilfszügeln und Hilfsmitteln, die das reiterliche Können ersetzen sollen, nicht notwendig ist.

Lernen durch Einsicht

Diese Art des Lernens ist für Pferde nicht oder nur schwer nachvollziehbar. Nur der Mensch und einige hoch entwickelte Primaten (Schimpansen, Delfine) können durch Einsicht, d.h. durch logische Überlegungen, Lernprozesse absolvieren. Pferde deshalb als „dumm“ einzustufen ist jedoch grundfalsch. Nur ist vieles, was für uns Menschen logisch ist, für das Pferd nicht zu verstehen.

Merke:

Lernen durch Einsicht ist für Pferde weitgehend ungeeignet.

Lernen durch Nachahmung

Fohlen lernen von ihren Müttern, von Spielgefährten und von älteren Pferden viele lebenswichtige Dinge. Was gefressen wird, wie gefressen wird, wann es besser ist, nachzugeben usw. Jeder Tag ist ein Lerntag durch Nachahmung. Auch von Menschen können Pferde durch Nachahmung lernen. Unsere Verhaltensweise in bestimmten Situationen, unsere Reaktionen, unsere Ruhe oder Panik – all dies sind Lernimpulse für unsere Pferde. Es ist daher wichtig, immer ein positives Beispiel für Pferde zu geben, denn sie lernen natürlich nicht nur das, was sie lernen sollen, sondern auch das, was wir unbewusst machen!

Ein wichtiges Ausbildungsmittel ist das Handpferdereiten. Hierbei lernt das unerfahrene Handpferd schnell und nachhaltig vom erfahrenen gerittenen Pferd. Der Islandpferdesport hat sogar eigene Leistungsprüfungen für Handpferdereiten!

Merke:

Nachahmung ist ein wichtiger Lernprozess – im Guten wie im Schlechten!

Lernen durch Gewöhnung

Dies ist die einfachste und wirkungsvollste Methode, Pferden etwas beizubringen. Am Anfang nutzen wir das Erkundungsverhalten der Pferde. Wir wecken mit neuen Informationsreizen seine Neugierde und befriedigen diese durch Lob oder eine Belohnung. Schnell lernen die Pferde, diese neuen Reize als etwas Positives zu verstehen. Durch häufiges Wiederholen reduziert sich die Reizwirkung (z.B. Erschrecken und Wegspringen) und das Pferd empfindet die ursprünglichen Auslöser nicht mehr als schrecklich, sondern es passt seine Reizschwelle an den Vorgang an. Die Reaktionen werden schwächer, leichter kontrollierbar und verschwinden meist völlig. Ein wichtiges Element im Training für Gelassenheitsprüfungen aller Art!

Merke:

Lernen durch Gewöhnung ist wichtig und pferdegerecht!

Lernen durch Versuch und Irrtum

Dieser Lernprozess wird auch als „Operante Konditionierung" bezeichnet. Entscheidend ist dabei, dass Pferde durch Erfolge oder Misserfolge lernen. Wir wissen, dass Pferde ein ausgeprägtes Spiele- und Erkundungsverhalten haben. Das Öffnen eines Strickes, einer Tür oder eines Futtersackes kann eine Situation erheblich für das Pferd verändern. Es wird frei, kann weggehen oder verschafft sich Futter! Das sind positive Erfolgserlebnisse.

Das erfolglose Anreißen an einem Anbindestrick kann zu Schmerzen, Panik oder sogar zum Unfall führen. Es kommt zu einem negativen Erlebnis. Da Pferde ein überaus gutes Gedächtnis haben, prägen sich derartige Vorkommnisse genauso nachhaltig ein wie positive Erlebnisse.

Impuls + Reaktion + Lob = Klassische Konditionierung

Diese dem Pferd geläufigen Lernprozesse nutzen wir gezielt in der Ausbildung. Dies wird als klassische Konditionierung bezeichnet. Da Pferde sich bewusst wohlfühlen (Komfortverhalten) und zudem eine starke Geschmacksdifferenzierung haben, ist es möglich, Pferde durch Belohnen auszubilden. Durch einen gezielten Auslösereiz (Stimme, Gertenimpuls, Schenkeldruck) lösen wir eine Verhaltensreaktion aus, die wir durch Lob (Stimme, Entlastung, Berühren, Futter) als ein positives Erleben bestätigen. Schon nach kurzer Zeit geht dieser Vorgang in das Unterbewusstsein der Pferde über und wird automatisiert. Wichtig ist immer, dass Lob unmittelbar auf die Ausführung der gewünschten Reaktion erfolgt! Wir sprechen hier von Sekunden – längere Zeitabstände zwischen Impuls, Reaktion und Lob können Pferde nicht mehr verstehen!

Freddy Knie sen. – ein Meister in der sanften Ausbildung von Pferden!

Merke:

Pferde sind positiv motivierbar. Dies nutzen wir in der klassischen Konditionierung als wirkungsvollen Lernprozess aus.

Erfahrene Pferdeausbilder wissen dies schon seit vielen Jahrhunderten und weisen daher immer wieder auf den Zusammenhang zwischen Impuls, Reaktion und Lob hin. Es ist blanker Unsinn, dass manche Ausbilder meinen, Lob sei etwas, was Pferde nicht verstehen und in keinen Zusammenhang bringen würden.

5.1 Grundlagenerziehung: Vom jungen Pferd bis zum Rentner

Nett – aber nicht ungefährlich

Die Prägung des Pferdes beginnt mit der Geburt, ja schon früher. Da Fohlen sehr stark vom Verhalten der Mutterstute geprägt werden, ist es wichtig, bereits die Mutterstute gut zu erziehen. Sie ist das Vorbild des Fohlens und prägt dieses von der ersten Stunde an. Hat die Mutterstute ein gutes Verhältnis zu Menschen, fassen die Fohlen schnell Vertrauen.

Die Beschäftigung mit dem Fohlen kann nicht hoch genug eingestuft werden. Hier werden die Grundlagen für das spätere Leben als Reit- oder Fahrpferd gelegt. Es ist viel leichter, Fohlen zu erziehen, als einem „wilden Dreijährigen" das kleine Einmaleins des Benehmens beizubringen. Die Zeiten des „Einbrechens", d.h. des gewaltsamen „Gefügigmachens" sollten ein für alle Mal vorbei sein. Dazu wissen wir heute zu viel über eine schonende und effektive Ausbildung der Pferde.

Was nicht bedeutet, dass wir nicht auch streng und deutlich strafend einwirken müssen – das kommt auch in der sanftesten Ausbildung einmal vor. Denn Pferde testen schon einmal die Durchsetzungskraft des Ausbilders aus. Dann verhalten wir uns aber immer mit Maßen und ohne jede Aggression!

Die Grundlagenerziehung ist ein Prozess, der ein ganzes Pferdeleben begleitet. Es ist wichtig, immer wieder Elemente dieser Ausbildungsphase zu wiederholen und zu verbessern. Auch ältere Pferde sollten regelmäßig in diesem Bereich gearbeitet werden. Sie bleiben dadurch aufmerksam, werden geistig gefordert und das „Zusammenleben" wird einfacher.

In jedem Bereich des Pferdesports ist es von großem Nutzen, wenn Pferde gehorsam sind, sich führen lassen, ruhig bleiben beim Anbinden und beim Aufsitzen nicht wegrennen. Daher ist es für alle Rassen, Reitweisen und Leistungsebenen von gleicher Bedeutung, sich und seine Pferde immer an die Grundlagenerziehung zu erinnern und diese zu üben und zu verbessern. Deshalb muss ein solider Grundgehorsam immer wieder eingefordert werden, egal auf welchem Ausbildungsstand ein Pferd steht!

Merke:
Alle Impulse und Informationen, die wir den Pferden geben, müssen für diese verständlich sein. Es handelt sich immer um klare Arbeitsanweisungen und nicht um Diskussionsvorschläge.

Das tut gut!

Berühren und streicheln

Erfahrene Züchter beschäftigen sich liebevoll, aber konsequent mit dem neugeborenen Fohlen. Sie reiben es regelmäßig mit der Hand oder einem Strohwisch ab. Auch eine weiche Bürste ist angenehm für unsere kleinen Freunde – das sollen sie nämlich ganz schnell werden! Wir berühren alle Körperteile und heben schon nach wenigen Tagen spielerisch die Beine hoch. Immer nur kurz, denn das Gleichgewicht ist noch nicht ausgeprägt. Das Beineheben schult die Balance und schafft Vertrauen. Fohlen lernen schnell, dass Berührungen keine Bedrohung darstellen, sondern sehr angenehm sein können.

Bezugspersonen

Gut ist es, wenn dies am Anfang immer durch die gleichen Bezugspersonen erfolgt. Umso schneller gewöhnt sich unser Nachwuchs an den Menschen. Das Berühren und Streicheln begleitet unsere Pferde ein Leben lang und sollte auch immer wieder bewusst eingesetzt werden. Es dient der Informationsbeschaffung und der Vertrauensbildung. Und es tut Körper und Seele gut.

5.2 Führen und Anbinden – aber richtig

Ist das Fohlen alt genug, ein Fohlenhalfter zu tragen, so beginnt die Ausbildung im Führen. Anfangs wird das Fohlen immer zusammen mit der Stute geführt. Ein Helfer treibt gefühlvoll von hinten, der Führer dirigiert das Fohlen gelassen, aber bestimmt.

Das Führen ist die wichtigste Grundlage in der Ausbildung der Jungpferde. Darauf bauen sich die Bodenschule, die Freiarbeit und das spätere Longieren auf. Gewalt oder Härte haben hier nichts zu suchen. Liebevolle Konsequenz führt dagegen schnell zu „führigen" Pferden.

Es muss darauf geachtet werden, dass diese Ausbildungsphase immer spielerisch abläuft. Fohlen spielen gern und lernen dabei am allerschnellsten. Eine gelassene Atmosphäre, ein lobendes Streicheln, wenn etwas geklappt hat, und auch mal eine schmackhafte Belohnung motivieren die Fohlen und Jungpferde zur vertrauensvollen Mitarbeit.

Jede Überanstrengung und jeder Misserfolg müssen vermieden werden. Da Pferde sehr schnell und leicht lernen, prägen sich nicht nur die angenehmen Erlebnisse ein, sondern besonders die unangenehmen.

Das intensive Arbeiten von Jungpferden vor dem Ende des dritten Lebensjahres ist nicht zu empfehlen. Im Gegenteil, es schadet der körperlichen und seelischen Entwicklung. Ein positives Signal hat die EWU, die Organisation des Westernsportes in Deutschland gesetzt. In dieser Sportart dürfen die Jungpferde erst mit vier Jahren im Turniersport eingesetzt werden. Das ist eine gute Entscheidung gegen den zu frühen Einsatz von unreifen Pferden im Leistungssport. Die Zulassung dreijähriger Pferde im Sport bedeutet immer den Beginn einer Ausbildung mit zwei Jahren. Weder Körper noch die Seele der jungen Pferde sind dafür aber schon reif genug – auch wenn aus rein wirtschaftlichen Gründen gerne das Gegenteil behauptet wird!

Merke:

Das erste Jahr genießen.
Das zweite Jahr entwickeln.
Das dritte Jahr spielend lernen
Im vierte Jahr beginnt der Ernst des Lebens!

Erwachsene und ältere Pferde sollten immer wieder bewusst und korrekt im Führen gearbeitet werden. Ob das Vorstellen bei einer Zuchtprüfung, eine Gelassenheitsprüfung oder der stressfreie Spaziergang das Ziel sind, das Führen ist die Basis allen Gehorsams. Zum Führen gehören natürlich auch das Anhalten, Wenden und das Rückwärtsrichten.

Korrektes Führen

Führweisen

Unterschiedliche Reitweisen haben auch unterschiedliche Führweisen. So lernen die Westernpferde oft, hinter der Führungsperson zu gehen. Die Richtlinien für Reiten und Fahren empfehlen als Führposition die linke Halsseite, die Isländer schreiben keine Seite zum Führen vor.

Daraus sollten wir keine Dogmen ableiten. Wenn die Pferde willig, gehorsam und sicher an der Hand gehen, dann haben wir ein wichtiges Ausbildungsziel erreicht, egal ob links, rechts oder vorne wie im Westernreitsport. Jede Führposition hat Vorteile und Nachteile. Hier sollten der Individualität nicht zu viele Grenzen auferlegt werden.

Hier lauert „fünffache Gefahr“: Führen ohne Strick, Strick um die Hand gewickelt, Halfter auf den Schultern, Kopfhörer im Ohr, keine Handschuhe

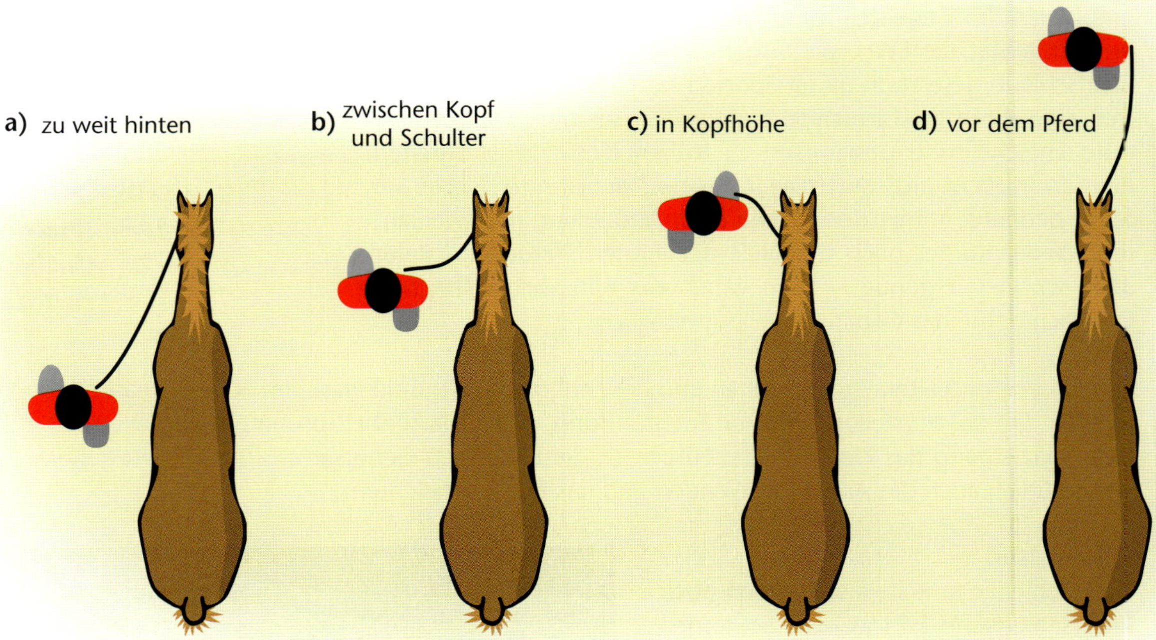

a) Nicht empfehlenswert!

b)–d) Geeignete Führpositionen

Bitte beachten Sie zu Ihrer eigenen Sicherheit, immer zwischen einer möglichen Gefahrenquelle und dem Pferd zu führen! Pferde springen immer von der Gefahr weg, egal, ob dadurch der Mensch gefährdet wird. Das Pferd denkt nur an sich, selten daran, den Menschen zu schonen! Dies bedeutet auch, das Pferd durchaus auch auf der rechten Seite zu führen. Deshalb ist dies ein Bestandteil der Ausbildung und regelmäßigen Übung!

Ausrüstung

Zum Lernen genügt dem Pferd ein gut anliegendes Halfter, ein langer, dicker Strick und – bei Bedarf – eine Führkette. Die Führperson muss Handschuhe und feste Schuhe tragen und sollte eine Gerte als Hilfsmittel benutzen – zumindest in den entscheidenden Lernphasen. Ziel ist es natürlich, Pferde ohne Gerte und ohne Führkette am leicht durchhängenden Strick zu führen. Das wird auch in der geführten GHP abgefragt.

Mit Trense sollten Pferde erst geführt werden, wenn sie die Grundlagen wirklich beherrschen. Zum Vormustern sind Pferde immer auf Trense gezäumt.

Steigergebisse, Ketten durchs Maul, scharfe Kappzäume mit gezackten Nasenteilen sind tabu – sie verletzen die Pferde und führen immer zu traumatischen Erlebnissen. Gerade Pferde aus dem Mittelmeerraum können davon ein Lied singen!

Anbinden

In Züchterkreisen ist das Thema Anbinden sehr umstritten. Die einen üben es schon sehr früh, die anderen beginnen später. Ich bin der Meinung, dass Fohlen erst einmal sicher im Führen und in der Freiarbeit sein müssen, bevor wir mit dem Anbinden beginnen. Die Knochen und Knorpel gerade im Halsbereich sind noch sehr weich und die Verletzungsgefahr ist groß. Daher sehe ich das frühe Anbinden und auch das Anbinden der Fohlen an der Stute sehr kritisch. Wie leicht kann die Stute erschrecken und einen Satz machen, der dem Fohlen schwere traumatische Schäden an der Wirbelsäule zufügen kann. Besser erscheint es mir, das Fohlen an das Freilaufen zu gewöhnen. Dadurch wird es sehr schnell mit seiner Umgebung vertraut und es lernt, sich ausbalanciert und mit Übersicht zu bewegen.

Freispringen

Eine grobe Unsitte ist es, Fohlen bereits freispringen zu lassen. Aus Ehrgeiz, einen „Springkracher" präsentieren zu können, beginnen verantwortungslose Menschen bereits im Fohlenalter mit dem Freispringen.

Es ist gut, dass die Zuchtverbände dies einheitlich ablehnen!

Pferde springen gerne, es gehört zu den natürlichen Bewegungsabläufen in der Natur. Kein anderes Tier ist in der Lage, mit dem Partner Mensch auf dem Rücken solche Springleistungen zu erbringen wie das Pferd

Der Tierschutz im Pferdesport wird bezüglich der Jungpferdeausbildung durch zwei Grundlagenwerke weitgehend geregelt:

Leitlinien BMVEL für die Veranlagungsprüfungen von Hengsten der deutschen Reitpferdezuchten (August 2003) und **FN Broschüre „Anreiten und Ausbilden von jungen Pferden"** (November 2005).

Darin wird u.a. gefordert, dass Pferde generell im Alter von drei Jahren, nicht aber früher als mit zweieinhalb Jahren in die Ausbildung zu nehmen sind.

Zwischen dem Beginn der Ausbildung und dem ersten Einsatz bei Wettbewerben oder vergleichbaren Veranstaltungen muss ein ausreichend langer und individuell angepasster Zeitraum für den Leistungsaufbau zur Verfügung stehen. Dies gilt meiner Meinung nach auch für Junghengste, die zumeist unter

Merke:
Wir Menschen züchten die Pferde und haben die Verantwortung für eine artgemäße Aufzucht und eine schonende Ausbildung.

drei Jahren ansprechende Leistungen bei den Körungen zeigen sollen. Dies ist aber nur möglich, wenn sie entsprechend lange vorher in die Ausbildung genommen werden!

Sicher sind die wirtschaftlichen Interessen der Züchter zu berücksichtigen. Das Wohlbefinden und die Gesundheit der Jungtiere müssen jedoch eindeutig im Vordergrund stehen.

Bei Hengstkörungen fragen sich viele Pferdefreunde, ob es nötig ist, diese jungen Pferde bereits über Hindernisse vorzustellen, die teilweise deutlich höher sind, als die in den Leitlinien geforderten 130 cm! Ein individuelleres Eingehen auf Vermögen und Veranlagung der Pferde wäre im Interesse der Pferde oft wünschenswert!
Im Sinne einer altersgerechten Ausbildung sollten die Zuchtverbände eine gezielte Ausbildungsberatung anbieten, um die Züchter zu unterstützen. Nur die professionelle Ausbildung sichert ein Höchstmaß an Schonung bei gleichzeitiger Effizienz.

Merke:
Freispringen ist ein wichtiges Element der Ausbildung. Kompetenz und Erfahrung der Ausbilder sind hierbei in besonderem Maße gefordert!

Die neuen Freispringprüfungen bringen sicher ein neues Bewusstsein für den richtigen Umgang mit diesem Ausbildungsinstrument.

Freispringen für ausgewachsene Pferde

Für erwachsene Pferde ist das Freispringen ein wichtiges regelmäßiges Element in der Ausbildung. Das gilt für alle Pferde, ob Dressur oder Springpferd, Freizeit- oder Gangpferde. Es ist eine willkommene Abwechslung, hält die Pferde bei Laune und stärkt deren Selbstbewusstsein. Zudem werden Erkundungstrieb, Bewegungstrieb befriedigt und die motorischen Fähigkeiten geschult.

Der tägliche Umgang

Für eine konsequente und erfolgreiche Ausbildung der Pferde ist in erster Linie der tägliche Umgang entscheidend. Hierdurch werden nicht nur die Jungpferde geprägt. Natürlich lernen die Fohlen und Jungtiere viel durch die Herdenhaltung. Sie spielen, toben und werden durch die Mütter oder durch erfahrene Leittiere in ihre Grenzen verwiesen.

Halten und Kontaktpflege

Entspanntes Führen am Hängerweg

Pferde müssen dem Menschen Respekt entgegenbringen. Dieser muss in vielen kleinen, verständlichen Lernschritten erarbeitet werden. Klare Grenzen bedeuten keine Härte, solange sie für das Jungpferd verständlich sind. Daraus entwickelt sich eine vertrauensvolle Basis für die nächsten Lernziele. Da Pferde sehr neugierig sind, lernen sie auch schnell.

Merke:

Die Erziehung eines Pferdes ist ein permanenter lebenslanger Prozess. Klare Anweisungen sind gefragt. Verspieltes „Rumtütteln", d.h. Aktionen ohne erzieherischen Wert, können Pferde nicht verstehen.

Machen Sie das regelmäßige Führen immer zu Lerneinheiten. Üben Sie das Anhalten und Antreten, das Umrunden von natürlichen Hindernissen. Führen Sie auch einmal über einen kleinen Baumstamm oder durch eine Pfütze – unsere Pferde-Azubis finden das toll und spannend und freuen sich über Lob und Belohnung. Im zweiten Jahr können durchaus auch schon leichte Aufgaben einer Gelassenheitsprüfung eingebaut werden. Sie werden staunen, wie schnell unsere vierbeinigen Schüler lernen.

Ist das Pferd ausgewachsen, dann schleichen sich oftmals Verhaltensweisen ein, die wir eigentlich nicht wollen. Mangels Konsequenz lassen wir sie aber oft „durchgehen". Das ist ein grober Fehler! Pferde sind es aufgrund ihrer Entwicklungsgeschichte gewöhnt, ein Leben lang durch die Rangordnungsspiele konditioniert zu werden. Sie entwickeln durchaus auch Eigenarten, die sich bis hin zu gefährlichen Untugenden wie Schubsen, Anknabbern oder Umrempeln steigern können – immer dann, wenn keine Grenzen gesetzt werden. Da wir Menschen für die Rangordnung verantwortlich sind, müssen wir sie auch permanent kontrollieren und bestimmen. Wehret den Anfängen gilt ganz besonders für die Pferdeerziehung.

Auch Geländespaziergänge sind wichtig

Das Verladen

Auch das Verladen sollte früh geübt werden. Am leichtesten geht das durch die Lernstufe über eine kleine Holzbrücke – siehe Impulsparcours. Geht die Mutterstute voran, folgt das Fohlen meist problemlos. Absolviert das Fohlen diese Aufgabe vertrauensvoll, dann stellen wir einen Pferdeanhänger auf die Weide. Erst beschnuppert das Fohlen den großen unbekannten Gegenstand, dann entspannt es sich. Je nach Veranlagung kann schon am nächsten Tag mit dem Betreten der Rampe und des Hängers begonnen werden.

Ein alter Planenanhänger, bei dem die Plane entfernt ist, erleichtert den Lernprozess enorm. Und wenn dann noch eine vordere Entladetüre vorhanden ist, dann ist das Verladen schnell ein Vorgang, der gelassen und selbstverständlich geübt werden kann. Wir beobachten oft, dass Fohlen ganz von alleine in den Hänger gehen und es als Spiel auffassen.

Pferde werden heute oft transportiert. Daher ist das stressfreie Verladen eine Selbstverständlichkeit, die alle Pferde beherrschen müssen. Ist dies nicht der Fall, muss es geübt werden. Muss ein Pferd in die Klinik, dann darf es keine Zeitverzögerungen durch Verladeprobleme geben. Für das Verladetraining eignet sich der Impulsparcours hervorragend!

Von großer Bedeutung ist das Pferde schonende Fahren. Langsames Anfahren und bremsen, Geschwindigkeitsreduktion in Kurven und vorausschauendes Fahren müssen geübt werden! Am besten erst einmal mit einem erfahrenen Fahrer an der Seite, der auf die Besonderheiten hinweist.

Das Transportmittel sollte „einladend" sein, z.B. hell und breit im Eingangsbereich.

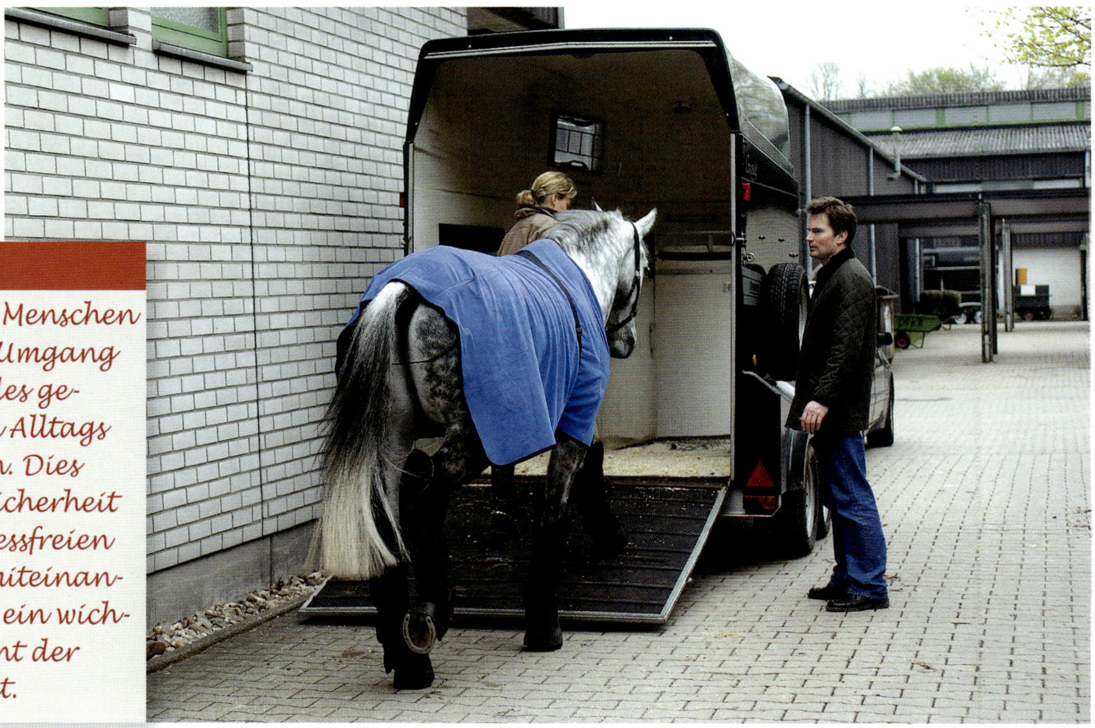

Merke:

Pferde und Menschen müssen im Umgang die Dinge des gemeinsamen Alltags beherrschen. Dies dient der Sicherheit und des stressfreien Umgangs miteinander und ist ein wichtiges Element der Gelassenheit.

5.3 Körperarbeit

Unter Körperarbeit verstehe ich die intensive Beschäftigung mit der sportfunktionellen Anatomie des Pferdes. Muskeln, Gelenke und Bewegungsabläufe können auch von einem Laien, also dem Pferdebesitzer, dem Pfleger oder dem Reiter bearbeitet werden.

Analyse und Therapie
Was verstehen wir darunter?

Körperarbeit ist ein Ausbildungsbereich, der in unseren Leitlinien noch relativ wenig Beachtung findet. Dies ist schade, denn Körperarbeit hilft dem Reiter, sein Pferd besser kennenzulernen. Und sie hilft dem Pferd, sich seines Körpers bewusster zu werden, ihn geschmeidig und biegsam einzusetzen und Vertrauen zur gesamten Ausbildung aufzubauen.

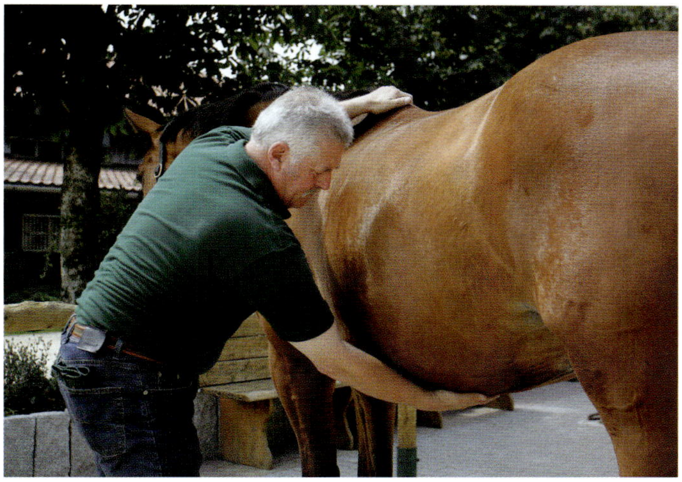

Bauch abtasten

Durch Körperarbeit studieren wir unser Pferd. Wir kennen seine sensiblen, empfindlichen Bereiche, wir fühlen Verspannungen, Muskelverhärtungen und registrieren warme, manchmal entzündete Körperregionen. Wir kennen jede Delle, jede Verdickung und vor allem jede Veränderung.

Die Grundlagen dieser neuartigen Methode wurden von der Amerikanerin Linda Tellington-Jones entwickelt, mit der mich eine jahrzehntelange enge Freundschaft verbindet. Sie hat den Tellington-Touch entwickelt, der heute weltweit in allen Bereichen des Pferdesportes bis hin zu Weltmeisterschaften und Olympischen Spielen eingesetzt wird. Die Erfolge sind oft verblüffend und beeindruckend. Klaus Balkenhohl, Nadine Capellmann und viele andere Spitzenreiter arbeiten gerne und regelmäßig mit Linda Tellington-Jones zusammen.

Meine Pferde und ich verdanken Linda Tellington-Jones sehr viel, denn ich konnte viele Probleme durch die von ihr erlernte Körperarbeit gewaltlos und effektiv lösen.

Gute Pferdephysiotherapeuten und Osteopathen beherrschen diese Techniken ebenfalls und verfügen zudem noch über Spezialwissen, das vielen Pferden zugute kommt. Sind körperliche Probleme durch die Körperschule alleine nicht zu lösen, so empfehle ich immer, einen erfahrenen Tierarzt und/oder einen Physiotherapeuten oder Osteopathen hinzuziehen. Doch Vorsicht vor sogenannten „Knochenbrechern" – sie verursachen oft mehr Schaden als Nutzen an den Pferden.

Erkunden und analysieren – Handarbeit ist gefragt

Mit den Händen erkunden wir den gesamten Pferdekörper. Ob wir das Pferd dabei anbinden oder es frei in der Halle stehen lassen, das hängt von Ihrem Pferd ab. Besser können wir Reaktionen erkennen, wenn Pferde nicht fixiert sind. Sie werden staunen, wie schnell Pferde lernen, diese Körperarbeit zu genießen, ohne wegzulaufen.
Mit den Handflächen untersuchen wir jeden Quadratzentimeter und merken uns, wo und wie es sich anfühlt.

Linda Tellington-Jones bei der Körperarbeit am Pferd

Machen Sie ruhig Fotos von Ihrem Pferd, von vorne und hinten, von den Seiten und auch von oben. Zeichnen Sie die Stellen ein, wo Sie etwas finden, das nicht der Normalität entspricht. Machen Sie das regelmäßig ein- oder zweimal im Jahr und Sie werden erstaunt feststellen, dass sich der Pferdekörper ständig verändert. Dazu gehört auch das Vermessen und Wiegen eines Pferdes. Gerade wer höchste Leistungen erzielen will, der sollte sich die Zeit nehmen, den Körper seines Pferdes als wertvolles Kapital zu betrachten und ihn permanent zu beobachten und zu optimieren. Und dazu reichen Fütterung und Reiten bei Weitem nicht aus!

Wir müssen auch erst lernen, mit den Händen zu fühlen. Mit der flachen Hand, mit den Fingerspitzen, mit dem Druck des Handballens – es gibt viele Techniken, den Pferdekörper zu erforschen. Vor allem wissen wir dadurch, wo unsere Pferde empfindlich sind oder sogar Schmerz-Reaktionen zeigen. Daher muss das Auge immer mitarbeiten. Lassen Sie Ihr Pferd nie aus den Augen, wenn Sie es abtasten. Das Mienenspiel, die Körperhaltung oder die Bewegungsreaktionen zeigen uns, wo es unangenehm oder angenehm ist und auch, ob es für uns gefährlich wird. An manchen Stellen sind Pferde so empfindlich, dass sie das Berühren als Gefahr empfinden und sich wehren. Markieren Sie Schmerzpunkte mit Kreide und sprechen Sie mit Ihrem Tierarzt darüber. Viele Probleme beim Reiten sind auf Schmerzzustände zurückzuführen, deren Ursache wir nur finden, wenn wir sie suchen.

Dieses Abtasten hat mehrere Wirkungen:

- Wir lernen den Pferdekörper kennen.
- Das Pferd baut Vertrauen auf.
- Das Pferd wird sich seines Körpers bewusst.
- Das Pferd entspannt sich und fühlt sich wohl.
- Das Pferdehirn wird aktiviert.
- Wir entspannen uns ebenfalls.

Merke:

Immer auf die Reaktionen achten, das Ohrenspiel, die Augen, die Kopfhaltung. Pferde signalisieren immer vorher, bevor sie sich wehren. Das ist eine Grundregel in der Herdenhierarchie, immer vor einer Interaktion zu warnen. Lernen wir die Sprache der Pferde, sie ist sehr aussagekräftig.

Unterstützen wir diese Arbeit mit leiser Musik und sprechen dabei mit dem Pferd. Es entsteht schnell eine völlig entspannte Atmosphäre, die sich auf alle Beteiligten, sogar auf die Zuschauer auswirkt.

Ich habe Seminare erlebt, in denen in der Halle bis zu acht Pferde gleichzeitig frei ohne Halfter und Anbindestrick von jeweils zwei Personen abgetastet wurden. Die Pferde standen völlig bewegungslos, die Köpfe gesenkt, die Augen halb geschlossen – es war beeindruckend.

Besonders sanft arbeiten wir am Kopf der Pferde. Wir arbeiten uns langsam am Hals entlang nach oben, massieren leicht die Nackenmuskeln, streicheln und bewegen die Ohren und erkunden Kopf, Nüstern und Maulpartie.

Besondere Arbeit gönnen wir der Maulpartie. Nach anfänglichem Misstrauen (was macht die Hand in meinem Maul?) genießen viele Pferd das leichte Kneten der Lippen und der Nüstern. Mit der flachen Hand massieren wir das Zahnfleisch im Ober- und Unterkiefer. Aufpassen, dass die Pferde nicht zubeißen, wenn wir allzu leichtsinnig werden.

Linda Tellington-Jones massiert das Zahnfleisch des Norwegers

Vorsichtig sein müssen wir am Bauch und zwischen den Hinterbeinen. Hier sind viele Pferde sehr empfindlich. Nur mit der flachen Hand, weniger mit den Fingerspitzen und immer mit viel Gefühl berühren und streicheln wir Bauch und Innenseite der Beine.

Aktive Handarbeit

Haben wir den Pferdekörper erkundet und kennen die sensiblen Stellen, beginnen wir mit der aktiven Körperarbeit. Dazu werden die Finger leicht gekrümmt, so als wenn wir einen Tennisball umfassen. Mit leichtem bis mittlerem Druck beginnen wir am oberen Halsansatz und bewegen die aufgesetzten Fingerkuppen in einem nicht ganz geschlossenen Kreis in der Größe eines Zwei-Euro-Stückes. Die Druckstärke hängt von der Empfindlichkeit des Pferdes ab bzw. der Körperstelle, die wir bearbeiten. Sie liegt zwischen 500 g und ca. 2,5 kg, was wir einfach mit einer Küchenwaage ermitteln können. Oft ist es für uns angenehm, wenn wir Daumen und kleinen Finger aufsetzen und nur mit den mittleren drei Fingern arbeiten.

Wir arbeiten uns langsam vom Hals zum Rücken, über die Kruppe zur Hinterhand. Am Bauch sind wir sehr vorsichtig und setzen die Finger flacher mit weniger Druck auf.

Wie reagieren die Pferde?

Oft spüren wir am Anfang einen gewissen Widerstand, den die Pferde auch offensichtlich zeigen. Aber schon nach wenigen Minuten entspannen sich die Pferde, atmen gleichmäßiger und senken den Kopf. Meist empfinden die Pferde diese Arbeit als angenehm, dann entspannen sich die Ohren und kippen seitlich weg, die Augen sind halb geschlossen und die Unterlippe hängt leicht nach unten. Das Pferd ist total „relaxed" und genießt die Berührung und das leichte Massieren mit den Fingerspitzen. Puls und Atemfrequenz gehen messbar zurück, die Muskelmasse wird weich und nachgiebig. Die Pferde geraten in einen Zustand der völligen Entspannung und Losgelassenheit, sie nehmen ihre Umwelt nur reduziert wahr und sind nach Beendigung der Körperarbeit gelassen und zufrieden.

Verspannte Stellen entkrampfen sich spürbar, die Schmerzempfindlichkeit geht oft deutlich zurück. Reagiert das Pferd an einer Stelle zu empfindlich, dann „umkreisen" wir diese mit der Hand und gehen dann wieder langsam zu der sensiblen Stelle zurück.

Satteln wir sie jetzt und reiten sie, dann erleben wir oft ein völlig neues Gefühl der inneren und äußeren Losgelassenheit.

Merke:

Durch aktive Körperarbeit lassen sich Pferde gezielt entspannen. Den Grad der Entspannung bestimmen wir durch Intensität und Zeitdauer.

Wann setzen wir diese aktive Körperarbeit ein?

Sie ist ideal als Grundlage für alle Maßnahmen mit den Pferden. Nervöse, gespannte Pferde werden ruhig und entspannen sich. Gerade Dressurpferde können so für die Prüfung entsprechend ruhig eingestellt werden. Bei eher phlegmatischen Pferden kann es zu einer inneren Ruhe kommen, die sogar an Schläfrigkeit erinnert und daher nicht unbedingt vor einer Leistungsprüfung zu empfehlen ist. Für diese Pferde empfehlen sich aktivierende Methoden. Jeder Pferdebesitzer muss sich an das Thema im wahrsten Sinne des Wortes herantasten, um das richtige Maß zu finden.

Das Haut- und Muskelrollen einschließlich Druckpunktmassage

Hat das Pferd gelernt, am Körper berührt und leicht gearbeitet zu werden, können wir die nächste Form der Körperarbeit beginnen. Da Pferde ihre Haut gezielt bewegen können, zum Beispiel bei der Fliegenabwehr, verfügen sie über ein vollflächiges Nerven- und Muskelsystem im Organ Haut. Die Haut ist auch im Gegensatz zu anderen Tierarten in der Lage, Sauerstoff aktiv aufzunehmen, Schweiß abzusondern und Strahlen (Ultraviolett, Infrarot und andere) zu resorbieren. Sie dient der Atmung und der Stimulans des Stoffwechsels.

Das Gesamtorgan Haut wird durch das Haut- und Muskelrollen aktiviert und sensibilisiert.

Dazu beginnen wir am Rumpf über den Rippen – hier geht es besonders leicht – und fassen mit beiden Händen in die Haut und schieben sie mit dem Daumen Richtung Kruppe, wobei wir mit den Fingerspitzen „nachrücken". Erkunden wir, an welchen Körperpartien dies leicht geht und wo das Fell locker sitzt. Am Hals, der Brust und der Hinterhand geht das „Hautrollen" in ein „Muskelrollen" oder sogar zur Druckpunktmassage über. Diese gehört eigentlich schon in den Aufgabenbereich ausgebildeter Spezialisten! Die Intensität des Druckes ermitteln Sie anhand der Reaktionen des Pferdes. Ist es unangenehm, reduziere ich den Druck, empfindet das Pferd den Druck als angenehm, können wir ihn durchaus noch verstärken.

Hautrollen

Was erreichen wir durch diese Arbeit?

Die Pferde entspannen sich noch intensiver und wir sind in der Lage, einzelne Haut- und Muskelpartien gezielt zu lösen und zu entkrampfen. Gerade der Hals- und Rückenbereich wird durch das Reiten und Fahren intensiv genutzt, es kommt oft zu Verhärtungen und Verspannungen.

Entscheidend ist aber auch das Körperbewusstsein, das die Pferde durch diese Arbeit für ihren Körper entwickeln. Da die meisten Pferde alleine, d.h. ohne ausreichenden körperlichen Sozialkontakt zu anderen Pferden gehalten werden, haben viele Pferde ein echtes Defizit in der sozialen, d.h. gegenseitigen Körperstimulierung. Hier wirkt das Haut- und Muskelrollen besonders intensiv.

Wenn wir die oben beschriebene Körperarbeit vor dem Reiten selbst oder durch einen erfahrenen Helfer machen lassen, dann werden wir feststellen, dass die Lösungsphase unter dem Sattel deutlich kürzer wird und die Pferde von Anfang an locker und losgelassen mit der Arbeit unter dem Sattel beginnen.

Merke:

Durch Körperarbeit verlieren wir keine Zeit, sondern wir gewinnen Zeit und verbessern deutlich das Ausbildungsergebnis.

Da viele Pferde nicht, wie auf diesem Foto zu sehen, in einem Herdenverband gehalten werden, entstehen Defizite in der sozialen Körperstimulierung.

5.4 Bewegen und Dehnen

Den nächsten Kapitelabschnitt widmen wir dem Thema Bewegen und Dehnen als Teil der Körperschule.

Hals und Kopf

Wir beginnen wieder am Hals und bewegen den Kopf des Pferdes leicht nach links und rechts. Zunehmend entwickelt sich daraus ein Biegen des Halses. Ergänzen wir dies durch eine leichte Massage des Mähnenkammes, dann lassen sich viele Pferde sehr schnell „fallen", d.h., sie dehnen den Hals nach vorwärts abwärts. Dies ist ein wichtiges Ziel in der Ausbildung, denn nur dadurch ist das Pferd in der Lage, den Rücken aufzuwölben und die Hinterhand zu aktivieren.

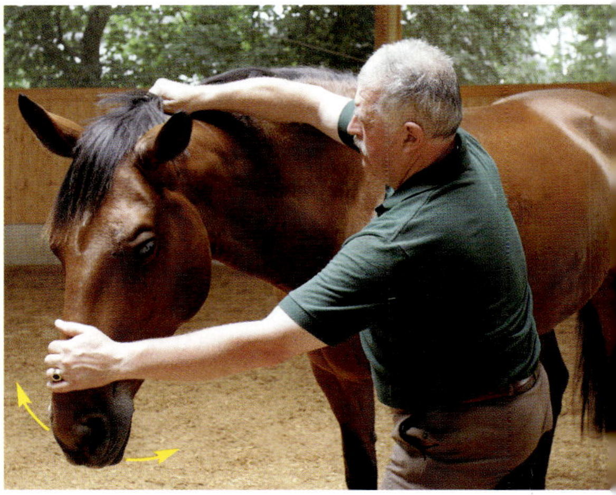

Körperarbeit am Kopf

Oft hilft es auch, die Pferde zur selbstständigen Bewegung zu animieren, indem wir eine Rübe oder ein Leckerli seitlich hinhalten, wodurch Pferde den Hals von selbst biegen. Dies können wir auch als Test einsetzen, um zu sehen, wie weit die Pferde den Hals seitlich biegen können und ob die Biegung auf beiden Körperseiten gleichmäßig ist.

... und am Mähnenkamm – Dehnen nach links und rechts

Wollen wir die Geschmeidigkeit der Halsmuskulatur verbessern, so stellen wir uns vor das Pferd, bei größeren Pferden unter den Hals und fassen links und rechts vom Hals in die Mähne. Dann beginnen wir hinter den Ohren und ziehen den Mähnenkamm leicht nach links und rechts, bis er so locker wie möglich ist. Die meisten Pferde genießen diese Arbeit sehr. Ziel ist es, dass die Pferde den Hals fallen lassen und sich dadurch die Muskulatur dehnt und löst.

Körpermitte

Nach der Halsarbeit befassen wir uns mit der Körpermitte. Beide Hände werden unter den Bauch geschoben und wir heben mit der flachen oder leicht gekrümmten Hand den Bauch nach oben. Dies erfordert keine große Kraft, durch die Empfindlichkeit reagieren viele Pferde sehr leicht auf diese Impulse. Durch das „Anheben" des Pferdebauches wölben die Pferde den Rücken nach oben. Diese Übung verbessert die Beweglichkeit der Wirbelkörper und der Wirbelsäule, löst Verspannungen und regt die Durchblutung an. Meist genügt es, diese Übung zwei- bis dreimal zu machen.

Hinterhand

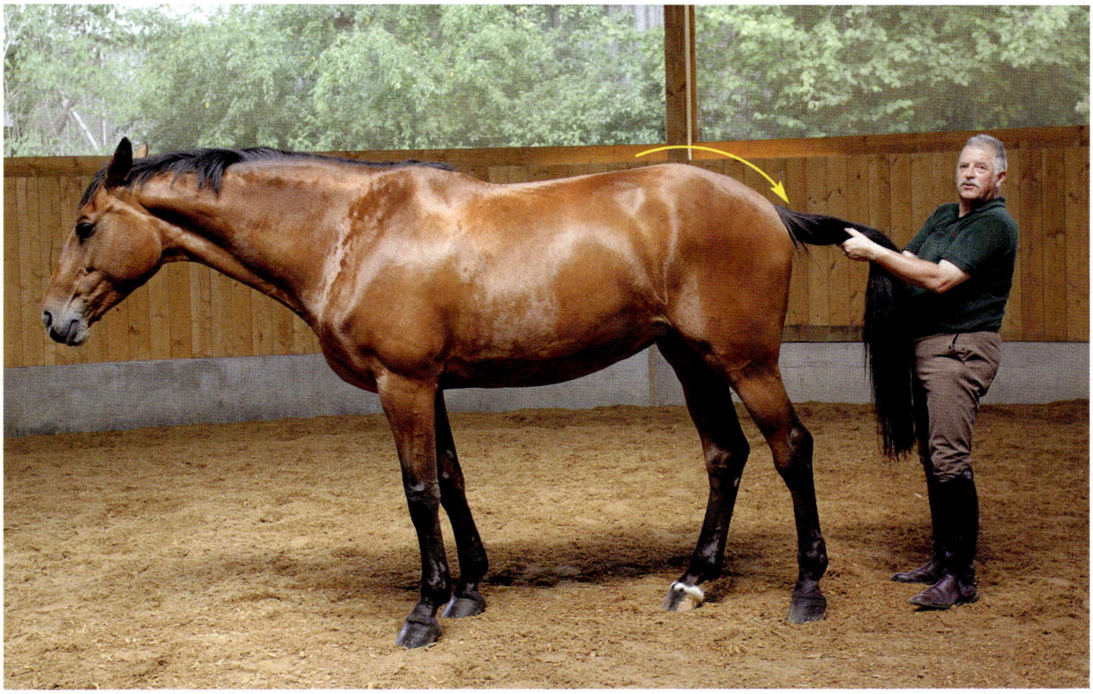

Dann kommen wir zur Schweifrübe. Dazu stellen wir uns hinter das Pferd – das wir natürlich gut kennen sollten – und bewegen die Schweifrübe mit beiden Händen sanft nach links und rechts, nach oben und unten und auch in Drehbewegungen. Auch ein leichtes Ziehen und langsames Nachlassen wirken sich sichtbar auf die Rückentätigkeit aus.

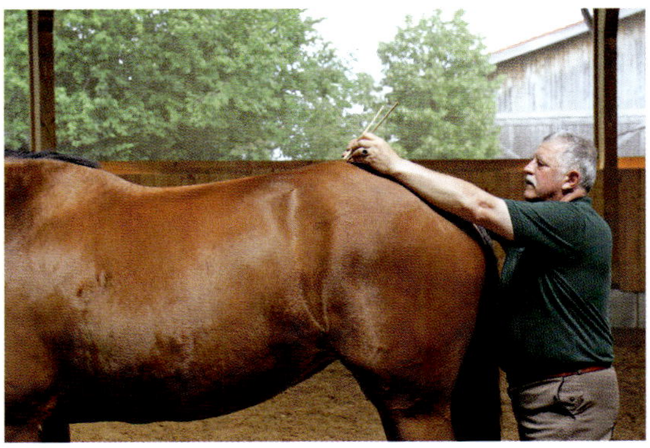

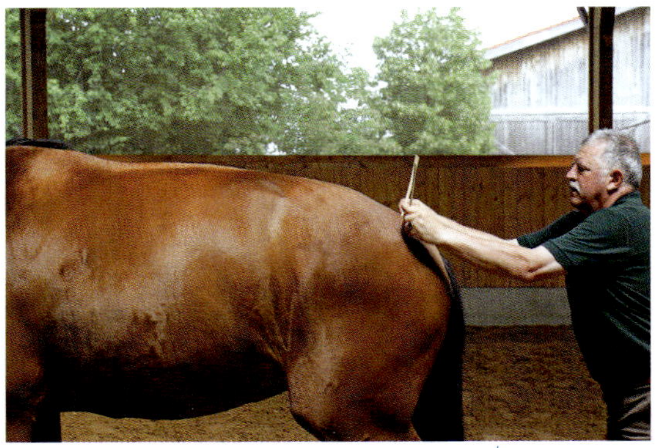

Eine Übung, die ich vor vielen Jahren einmal gelernt habe, ist das Stimulieren des Rückenmuskels mittels zweier Holzstäbchen (wie die Essstäbchen aus dem Chinalokal). Diese werden beidseitig der Kruppe von vorne nach hinten gezogen, das Ergebnis ist immer ein intensives Aufwölben der Rückenpartie. Dies löst Verspannungen und macht den Rücken beweglich.

Hinweis zu den Fotos von Seite 123-125:
Aus Sicherheitsgründen sind die gezeigten Übungen nur in geschlossener Halle oder geignetem Raum ausführen. Bei unerfahrenen Pferden ist eine Person am aufgehalfterten Pferd am Kopf notwendig!

Beine

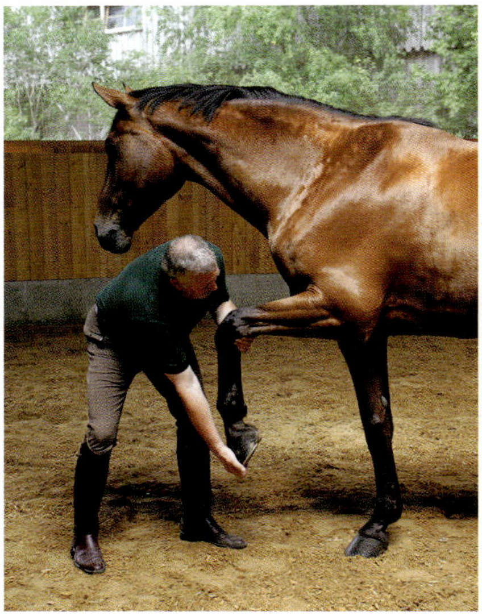

Vorderbein lockern

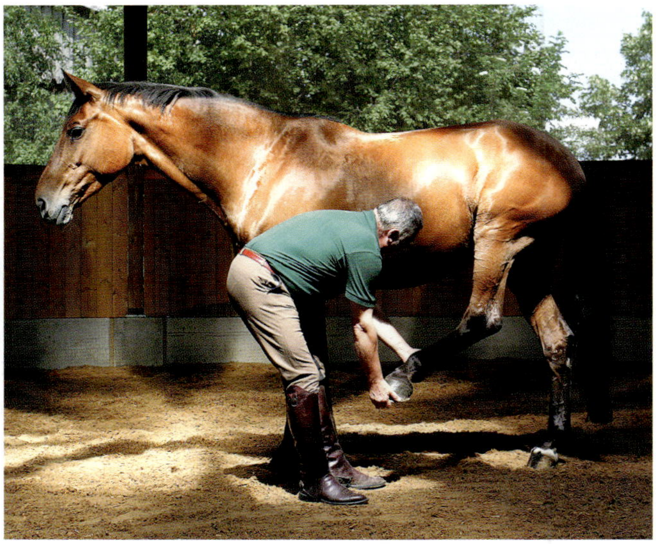

Hinterbein nach vorne dehnen

Als Letztes arbeiten wir die Beine. Anheben und Absetzen in sehr langsamer Geschwindigkeit schult das Bewegungsbewusstsein und die Balance. Leicht kreisende Bewegungen machen die Gelenke locker und geschmeidig. Das vorsichtige Nach-vorne-und-hinten-Dehnen löst die Muskeln und erweitert die Gelenkradien. Alles, was wir an und mit den Beinen der Pferde machen, muss langsam und sehr gefühlvoll erfolgen. Achten wir immer auf Widerstände, auf Verspannungen und auf die Körpersignale der Pferde. Wir wollen ja weder die Pferde noch uns gefährden. Schon nach wenigen Einheiten pro Körperseite spüren wir, wie die Pferde diese Arbeit genießen und sich deutlich schneller lösen und dehnen.

Das Ergebnis sind sehr lockere Pferde mit einer oft deutlich besseren Beweglichkeit. Durch den lösenden und entspannenden Effekt ist dies auch ein wichtiger Baustein der gesamten Gelassenheit.

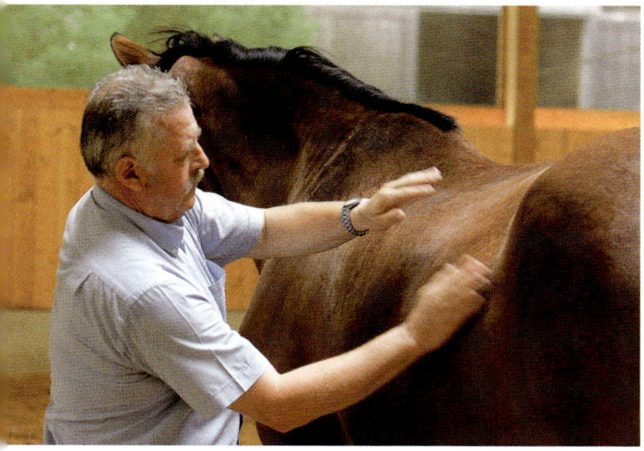

Klopfen und Aufwecken

Als letztes Element der Körperschule setze ich das Klopfen ein. Oft entspannen sich die Pferde durch die vorangegangenen Arbeitsschritte so, dass sie fast schläfrig werden. Dies kann das Ziel sein. Vor einer Prüfung oder einer intensiven Trainingseinheit wollen wir aber nicht nur entspannte, sondern auch wache und aufmerksame Pferde haben.

Dazu klopfen wir mit der flachen oder leicht gewölbten Hand die Pferde vom Hals bis zur Kruppe auf beiden Körperseiten ab. Intensität und Geschwindigkeit hängen vom Zustand des Pferdes und dem gewünschten Zielzustand ab. Je schneller und fester wir dies machen, desto wacher werden die Pferde. Gleichzeitig wird die Durchblutung angeregt und die Pferde sind „fit für die Arbeit".

Körperarbeit dient den Ausbildungszielen aller Rassen und Reitweisen und schafft eine körperliche und seelische Losgelassenheit der Pferde. Sie kann durchaus mehrmals pro Woche ergänzend eingesetzt werden.

Bitte beachten wir, dass wir Laien nur in der obersten Ebene des Körpers wirken sollten. Tiefer gehende Anwendungen wie das Lösen von Blockaden oder das Einrenken gehören in die Hand eines Tierarztes und einer entsprechend ausgebildeten Fachkraft. Wobei die Begriffe Blockaden und Einrenken aus veterinärmedizinischer Sicht diskussionswürdig sind.

Merke:
Gelassenheit ist immer auch ein Zeichen von losgelassenen Muskeln und Gelenken. Beides sind wichtige Voraussetzungen für die Ausbildung von Pferden. Körperarbeit ist ein gutes und die Pferde schonendes Instrument in der Hand des kompetenten Ausbilders.

5.5 Gertenarbeit

Gewöhnung

Als Abschluss der Körperschule gewöhnen wir unsere Pferde an das Berühren mit der Gerte. Dies ist eine wichtige, vertrauensbildende Maßnahme, die uns den späteren Gerteneinsatz sehr erleichtert.

Wir arbeiten zunächst mit den Händen am Pferd (aktive Körperarbeit, Rollen, Klopfen), dann nehmen wir die Gerte in die Hand und berühren das Pferd ganz sanft. Gerne nehme ich dazu eine weiße Gerte, da die Pferde diese besser sehen können. Ich streiche den gesamten Pferdekörper mit minimalem Druck ab. Schon nach kurzer Zeit entspannt sich das Pferd und akzeptiert die Gerte als etwas sehr Angenehmes.

Impuls und Reaktion

Wenn die Berührung nicht nur geduldet, sondern genossen wird, können wir dazu übergehen, Reaktionen hervorzurufen. Dazu tippen wir mit der Gerte an die Pferdebeine, um das Heben durch diesen Impuls auszulösen. Reagieren die Pferde, dann loben wir sofort mit der Stimme oder auch mit einem Leckerli. Dies machen wir vorne und hinten.

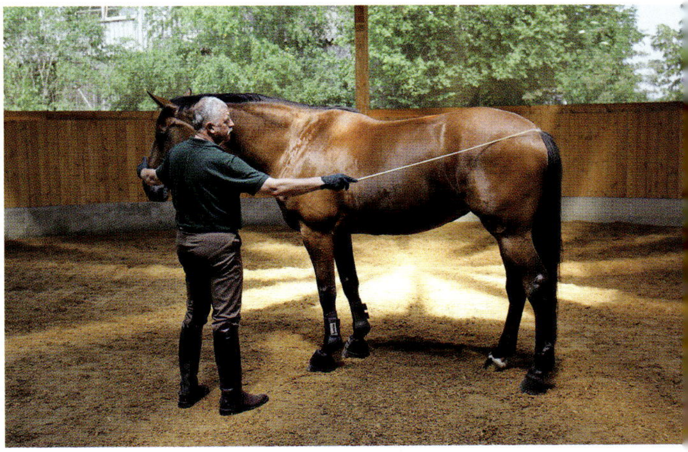

Berühren der Hinterhand mit der Gerte

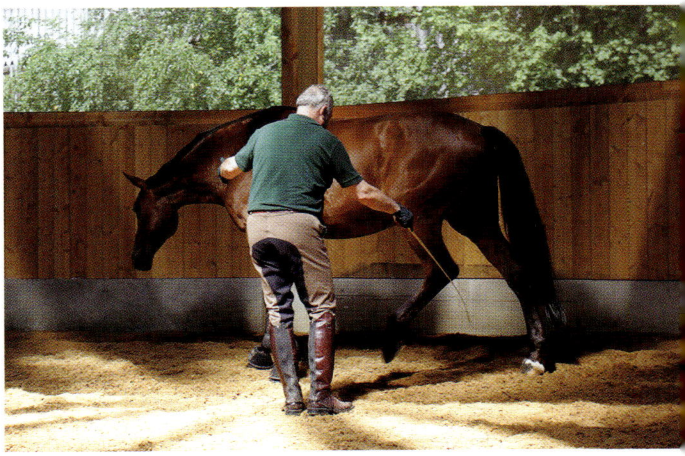

Das Pferd schwingt das innere Hinterbein aktiv nach vorne

Merke:
Gertenarbeit ist ein wichtiges Element der Körperschule und dient als Vorbereitung für alle späteren Ausbildungsschritte, die durch Gerteneinsatz ausgelöst oder unterstützt werden können.

Dann setzen wir die Gerte ein, um die Pferde zum Antreten zu veranlassen. Verbunden mit einem Stimmsignal z.B. „Komm" oder einem Zungenschnalzen entwickelt sich beim Pferd schnell ein fester Reaktionsmechanismus. Das sichtbare Heben der Gerte, anfangs verbunden mit einer Berührung der Brust, ein gleichzeitiges Stimmsignal z.B. „Haaalt" und das Pferd lernt, stehen zu bleiben.

Dieses Training bezeichnen die Verhaltensforscher als Konditionieren. Darunter wird das Entwickeln beabsichtigter Reaktionen auf gezielte Impulse verstanden, das durch oftmaliges Wiederholen gefestigt wird.

Die Gertenarbeit im Stand und beim Führen ist eine wichtige Vorarbeit für die Bodenschule, die Freiarbeit, das Longieren und die Arbeit unter dem Sattel oder vor der Kutsche.

5.6 Bodenschule

Mit großem Erfolg hat die FN in den letzten Jahren den Begriff der Bodenschule aufgenommen und in das Bewusstsein der Pferdefreunde gerückt.

In vielen verschiedenen Reitweisen ist die Bodenschule seit Langem ein wesentliches Element der Ausbildung gerade der jungen Pferde.

Die FS Reitschule in Reken, in den 70er-Jahren von Ursula Bruns gegründet und seit vielen Jahren unter der Leitung und im Besitz von Jochen Schumacher, ist berühmt für die intensive Bodenarbeit. In Zusammenarbeit mit namhaften Fachleuten wurde die Bodenschule entwickelt und perfektioniert.

Sie nützt dem jungen Pferd, aber auch erwachsene und besonders ältere Pferden profitieren davon. Es ist immer eine willkommene Abwechslung, entspannt die Pferde und macht sie wieder aufnahmefähig für neue Aufgaben.

Bodenschule dient auch dem Training der Menschen. Hier lernen sie schnell, dem Pferd genaue, verständliche Anweisungen zu geben. Vertrauen, Harmonie und „Führungsqualitäten" werden entwickelt.

Aufsetzen und erkunden

Junge wie erwachsene Pferde lernen schnell, zu unbekannten Gegenständen Vertrauen zu entwickeln. Bodenschule trainiert das Gleichgewichtsgefühl und die Pferde entwickeln dadurch ein intensives Körper- und Bewegungsgefühl.

Die Bodenschule umfasst mehrere Ausbildungsbereiche, auf die hier nur in Kurzform eingegangen werden kann. Grundlage ist immer das gehorsame Pferd, das sich sicher und vertrauensvoll führen lässt.

Stangenarbeit als Ausbildungselement der Bodenschule

Beginnen wir mit Stangenarbeit. Das können kleine Baumstämme sein, farbige Stangen oder die neuartigen Kunststoffstangen aus Schaumstoff.
Hinter einem Führpferd lernt das Jungpferd, gelassen über am Boden liegende Stangen zu treten. Dies ist Grundlagenarbeit für alles, was wir später mit den Pferden machen wollen. Ob für Springen, Dressur, Gelände oder Western – Stangenarbeit ist gut für alle Rassen und Reitweisen.

Stangenarbeit im Doppel-L

... im Labyrinth mit Pylone

Stangenarbeit sollte regelmäßig in die tägliche Arbeit mit eingeplant werden – sie macht Pferden und Reitern Spaß, wenn wir es richtig machen.

Jeder Lernprozess unterliegt bekannten Regeln. Leider neigen wir Menschen dazu, von unserer Lerngeschwindigkeit und unseren Lernprozessen auf das Pferd zu schließen. Das funktioniert nicht, da wir Menschen „über den Kopf" lernen. Pferde hingegen lernen durch Nachahmung, Reaktionen auf Impulse und vor allem durch Wiederholung.
Pferde lernen im Gegensatz zu anderen Tieren relativ schnell, müssen aber die Lernprozesse in sehr kleinen übersichtlichen Lernschritten absolvieren. Die Anforderungen dürfen nur langsam gesteigert werden, um die Pferde nicht zu überfordern. Pferdefachleute sprechen von einer Wiederholungshäufigkeit von bis zu 500-mal, bis sich ein Vorgang automatisiert hat.

Merke:
Vom Leichten zum Schweren, vom Bekannten zum Unbekannten, von der Vorform zur Zielform

Wir beginnen über einzelne Stangen, erst im Schritt, dann in den höheren Gangarten. Lassen wir den Pferden Zeit, die Stangen erst einmal anzusehen, zu beschnuppern und zu umrunden. Es entspricht der Natur, denn Pferde müssen immer alles um sich herum erkunden. Dies dient dazu, Unbekanntes richtig einzustufen. Geben wir den Pferden nicht die Chance dazu, so verspannen sie sich und fallen im Ausbildungsprozess zurück.

Merke:

Pferde sehen anders als Menschen. Dies müssen wir bedenken, wenn wir Pferde mit neuen Aufgaben und Lektionen, die mit Gegenständen verbunden sind, konfrontieren - im wahrsten Sinne des Wortes!

Wie sehen Pferde?

Pferde sehen anders als wir Menschen! Denken Sie bitte daran, dass Pferde aufgrund der Augenfunktionen alle neuen Gegenstände immer von zwei Seiten aus betrachten müssen.

Nur im direkten Gesichtsfeld vorne können Pferde dreidimensional sehen. Die seitlichen Sichtbereiche sind zwar groß, aber nur zweidimensional. Durch das Betrachten von beiden Seiten erfassen Pferde unbekannte Gegenstände genauer, da sie sich im Kopf der Pferde erst zu einem dreidimensionalen Gegenstand zusammenfügen. Dies ist vielen Pferdefreunden unbekannt und sie machen oft den Fehler, Pferden zu wenig Gelegenheit zu geben, unbekannte Dinge genau zu erkunden. Was auf der einen Hand schnell als ungefährlich eingestuft wird, ist auf der anderen Hand immer noch unbekannt und ein Grund zum Erschrecken. Wenn wir das missachten, entsteht Stress!

Pferde haben als „Beutetiere" ein völlig anderes Sehvermögen als der Mensch. Sie erkennen kleinste Veränderungen bereits ab 0,4 mm in ihrem Umfeld sofort. Sie sehen 2,5 Bilder mehr pro Sekunde als der Mensch! Dafür sieht das Pferd weniger scharf.
Aufgrund der Augenposition hat das Pferd fast einen Rundumblick (panoramisches Sehen) von ca. 350 Grad. Aufgrund des eingeschränkten „Scharfsehbereiches" muss das Pferd vor einem Sprung den Kopf heben. Nur so kann es das Hindernis gut taxieren!! Bezüglich des Farbsehens dürfte das Pferd in einer Farbwelt leben, die der eines Rot-Grün Farbenblinden Menschen entspricht.

UNTERSUCHUNGEN VON PROF. CHRIS MURPHY (AUGENHEILKUNDE AN DER TIERMEDIZINISCHEN SCHULE IN MADISON/USA) UND JOSEPH CARROLL, MEDICAL COLLEGE OF WISCONSIN/MILWAUKEE USA)

Die Aufgaben

Wir befassen uns nur mit den Grundaufgaben, die Bodenschule beinhaltet aber weitaus mehr Übungen und Aufgabenbereiche.

Einzelne Stangen und kleine Baumstämme in der Halle, am Platz und im Gelände

Durchaus mehrfach in der Woche sollten Pferde als Einzelaufgaben oder in der Lösungsphase über Stangen oder kleine Baumstämme geführt oder geritten werden. Immer im Schritt beginnen und Ruhe bewahren, wenn die Pferde anfangs zögern oder gar stehen bleiben, um zu „erkunden". Mit ruhiger Stimme, vielleicht sogar hinter einem Führpferd werden die ersten Aufgaben absolviert. Geschieht dies vertrauensvoll und im Gleichmaß der Bewegung, dann können wir die Anforderungen steigern, indem wir die Stangen enger zusammenlegen oder das Tempo erhöhen.

Stangentreten fördert die Koordination und die Konzentration des Pferdes.

Die empfehlenswerten Abstandsmaße sind in der Tabelle aufgeführt, sie hängen aber immer von der Größe der Pferde, der Schrittlänge, der Gangart und dem Tempo ab, in dem die Pferde gearbeitet werden sollen.
Bei unerfahrenen Pferden empfehlen sich viereckige Stangen, deren Kanten gerundet sind. Sie sind ortsfester und können nicht verrollen!

Abstandstabelle – immer zwischen den Stangen gemessen

Schritt	80–100 cm
Trab	110–140 cm
Springen aus dem Trab	220–270 cm vor dem Sprung
Galopp	230–350 cm auch vor oder nach Sprüngen

Gut ist der Wechsel zwischen geraden und gebogenen Linien. Dies schult die Balance und das Taxiervermögen der Pferde. Wenn das Pferd die Stange berührt oder sie anstößt oder sogar „wegkickt", dann bitte wieder in die Ursprungslage zurücklegen und die Aufgabe nochmals in gleichem Tempo absolvieren. Nicht einwirken durch Zurücknehmen oder Treiben (egal ob vom Boden aus oder unter dem Sattel). Auch unterschiedlich farbige Stangen fördern den Ausbildungsprozess. Die sogenannte „Dualaktivierung" nach Michael Geitner, d.h. das gezielte Schulen der beiden Gehirnhälften, ist eine bewährte Ausbildungshilfe für alle Pferde!

Merke:

Pferde müssen selbst lernen, Stangenaufgaben sicher zu bewältigen. Je weniger wir eingreifen, umso schneller und sicherer lernt das Pferd, derartige Aufgaben selbstständig zu lösen.

Einzelstangen

Einzelne und mehrere Stangen, die eben auf dem Boden liegen. Dies erfolgt auf der Geraden und auf der gebogenen Linie. Über einzelne Bodenstangen kann auch der fliegende Galoppwechsel entwickelt werden.

Ungleich hohe Stangen

Stangen, die ungleich hoch sind. Dazu werden die Stangenenden wechselseitig auf einen Plastikblock oder Ähnliches gelegt. Dadurch heben die Pferde die Beine gezielt an. Die maximale Höhe sollte je nach Pferdegröße 30 bis 40 cm nicht übersteigen.

Cavaletti-Arbeit

Stangen auf höherem Niveau – klassische Cavalettiarbeit. Je nach Ausbildungsstand und Fähigkeit lernen die Pferde, auch über höheren Stangen die Beine zu heben und trotzdem über den Rücken zu gehen. Darunter verstehen wir Reiter, dass Pferde den Rücken aufwölben, vermehrt mit der Hinterhand untertreten und den Hals vorwärts abwärts dehnen. Ein ideales Training für Muskulatur und Gelenke! Die Höhe der Cavaletti orientiert sich immer an der Natürlichkeit der Bewegungen. Übertriebene Höhen schaden mehr, als sie nützen!

Stern

Dazu werden die Stangen kreisförmig gelegt und die inneren Enden liegen auf einem Reifen oder dergleichen.

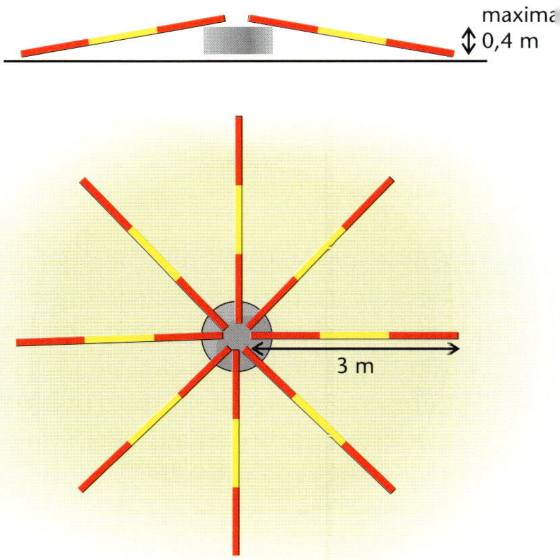

Windwurf, auch Mikado genannt

Fortgeschrittene Pferde gehen durch einen natürlichen oder künstlichen Windwurf. Dies sind Stangen in unterschiedlichen Abständen, Höhen und Überkreuzungen. Diese Übung erfordert ein intensives Vortraining, zeigt uns aber sehr gut, wie ausbalanciert und trittsicher die Pferde ihren Körper beherrschen.

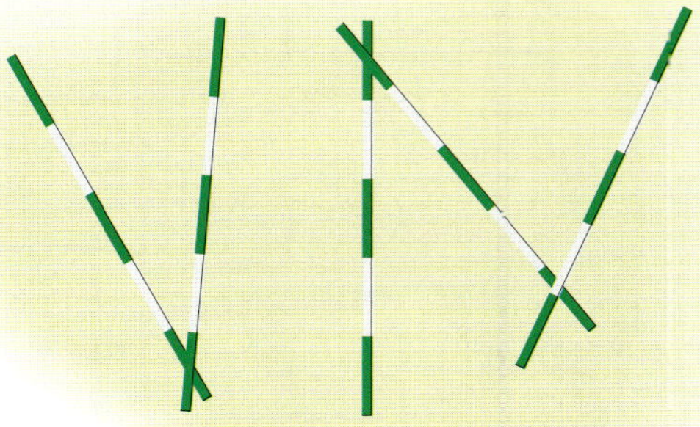

Immer lösbare Aufgaben stellen

Vorlege- und Nachlegestangen

Dazu werden einzelne oder mehrere Stangen in passenden Abständen vor und/oder hinter kleinen Sprüngen gelegt. Dadurch werden das Rhythmusgefühl, die Manier und die Aufmerksamkeit der Pferde geschult, ohne dass der Reiter aktiv einwirkt. Speziell Nachlegestangen erfordern ein hohes Maß an Qualifikation von Pferd und Reiter!

Gasse

Legen wir zwei oder mehrere Stangen parallel in ca. 50 bis 70 cm Abstand auf den Boden. Dann führen wir die Pferde in die Gasse, lassen sie stehen und/oder rückwärtstreten. Dies schult das Balancegefühl und aktiviert die beiden Gehirnhälften nachhaltig. Daraus wurde auch die Dualmethode nach Michael Geitner entwickelt, die vielen Pferden bei der Lösung körperlicher und seelischer Probleme geholfen hat. Sie arbeitet mit gelben und blauen Stangen, die in bestimmten Formationen gezielt eingesetzt werden

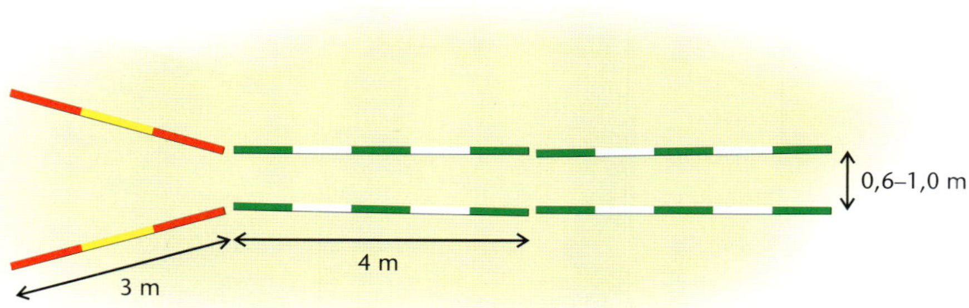

Labyrinth

Eine klassische Aufgabe aus der Bodenschule von Linda Tellington-Jones ist das Labyrinth. Dazu werden Stangen gemäß der Zeichnung so auf den Boden gelegt, dass eine Winkelspur entsteht. Schritt für Schritt führen wir das Pferd durch das Labyrinth. Erstaunt werden wir feststellen, dass sich die Pferde enorm seitlich biegen, den Kopf vorwärts abwärts nehmen und die Aufgaben hoch konzentriert bewältigen. Eine ideale Übung für steife Pferde mit wenig Balance. Das Labyrinth wird nur im Schritt geübt.

Slalom

Dieser Begriff stammt aus dem Skilauf. Wir stellen Kegel, Hindernisständer, Tonnen oder ähnliche Hilfsmittel als Slalom auf und führen und/oder reiten die Pferde durch. Schon nach wenigen Übungseinheiten beginnen die Pferde selbstständig mitzuarbeiten. Sie dehnen und spannen beide Körperseiten und schulen damit die Balance und die Biegsamkeit. Unter dem Sattel und mit passenden Abständen können gut geschulte Pferde dies sogar im Trab und sehr gute Pferde auch mit fliegenden Wechseln im Galopp. Natürlich können wir diese Übung auch in einem lichten Stangenwald trainieren, wenn der Förster nichts dagegen hat.

Merke:

Bodenschule ist ein wichtiges Kapitel in der Ausbildung von Pferd und Reiter. Spielerisch erfassen die Pferde die Aufgaben schnell, steigern das Körper- und Balancegefühl und entwickeln eine solide natürliche Gelassenheit.

Bodenprofile

Haben wir auf der Ebene all diese Übungen trainiert und sind die Pferde schon ausgeglichen und gehorsam, dann können wir auch leichte Terrassen, Böschungen und auch die Wellenbahn in unser Schulungsprogramm mit aufnehmen. Dadurch werden Sitz und Einwirkung des Reiters geschult und die Pferde entwickeln eine enorme Geschicklichkeit bei ständig zunehmender Gelassenheit. In modernen Reitparks finden wir daher viele Übungsaufgaben, die in den Bereich der Bodenschule zu zählen sind.

5.7 Freiarbeit – Meilenstein auf dem Weg zum Partner Pferd

Merke:

Freie Bewegung ist natürlich für Pferde und sollte ihnen täglich für mehrere Stunden gewährt werden.

In der Freiarbeit sind wir weder durch eine Longe noch durch ein Führseil mit dem Pferd verbunden. Die Pferde können sich frei auf einer begrenzten Fläche (am besten rund) bewegen. Wir nehmen nur Einfluss mit Stimme, Körperhaltung und einer für das Pferd gut sichtbaren Gerte und/oder Longierpeitsche.

Viele Pferdebesitzer, Ausbilder oder Reiter scheuen Freiarbeit mit ihren Pferden. Entweder fürchten Sie Verletzungen oder der Betrieb ist dafür nicht ausgestattet. Oft verbieten auch Betriebsleiter das Freilaufen der Pferde in der Halle, um den Boden zu schonen oder um zu verhindern, dass Pferde an der Holzkonstruktion nagen.

Und doch ist es sehr wichtig, Pferde auch in der Freiarbeit zu schulen und zu trainieren. Nur so können sie unbeeinflusst Balance und Körpergefühl entwickeln. Dies geschieht deutlich schonender und schneller als unter dem Sattel oder an der Longe!

Immer seltener haben sie die Gelegenheit dazu. Dieses Bewegungsangebot im Stall ist zu gering, oft gar nicht möglich. Ausläufe bieten oft zu wenig Bewegungsanreize und auf der Koppel ist Fressen meist wichtiger, als sich zu bewegen!

Ideal ist es, wenn der Betrieb über einen Longierzirkel mit ca. 16 bis 20 Meter Durchmesser verfügt. Ich selbst bevorzuge den 18-m-Durchmesser, da ich noch mit der langen Longierpeitsche ans Pferd komme, der Radius aber noch so groß ist, dass Pferde sich gut und frei bewegen können.
Eine feste, blicksichere Angrenzung mit ca. zwei Meter Höhe ist wichtig, um die Pferde auf sich zu konzentrieren. Perfekt wird der Zirkel, wenn er überdacht ist – dann kann man ihn das ganze Jahr nutzen.

Interessant ist es, dass alte Reitanlagen über Freilaufanlagen verfügen bzw. verfügten, sogenannten Couleurs, in denen Pferde in Freiarbeit bis hin zum Freispringen ausgebildet und trainiert werden können! Darüber sollten wir beim Bau von Reitanlagen wieder einmal nachdenken!

Wie gehen wir vor?

Pferde, die das Freilaufen nicht gewöhnt sind, sollten zunächst immer erst ablongiert werden, bis sich ein Gleichmaß der Bewegung und eine erkennbare Gelassenheit eingestellt hat. Auch muss der Pferdekörper „auf Betriebstemperatur sein". Ist das Pferd dann entspannt und locker, entfernen wir eventuelle Hilfszügel und die Longe. Mit viel Gefühl, Stimme und einer eindeutigen Körpersprache wirken wir auf das Pferd ein. Klare Signale mit der Longierpeitsche unterstützen uns dabei.

Ausrüstung

Es empfiehlt sich, unsere Pferde mit Gamaschen vorne und hinten auszustatten und zusätzlich die empfindlichen Ballen vorne mit Sprungglocken zu schützen Gerade am Anfang kann es zu Balanceproblemen kommen und dann benötigen die Pferde einen entsprechenden Schutz an den Beinen. Anfangs sollten die Pferde auch keine Hilfszügel tragen (Ausbilder, Dreieckszügel, Chambon o.Ä.).

Zunächst sollen sie sich wirklich frei bewegen können. Später ist es durchaus sinnvoll, gezielt mit einem Hilfszügel bestimmte Muskelpartien zu arbeiten oder gewünschte Haltungen zu entwickeln. Das gehört aber in die Hand des erfahrenen Ausbilders, der genau weiß, was er mit welcher Ausrüstung erreichen will und kann.

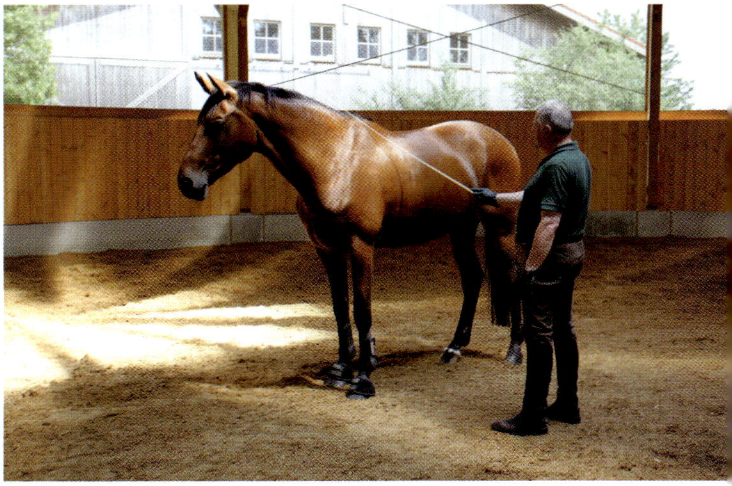

Aufmerksam und vertrauensvoll beim Abstreichen mit der Gerte

Ziele

Gewöhnung und Balance

Erstes Ziel der Freiarbeit ist es, das Pferd an unsere Hilfengebung zu gewöhnen und es ohne direkte Einwirkung in Ruhe in allen Gangarten zu bewegen. Es ist immer wieder erstaunlich, wie schnell Pferde sich an diese Art der Arbeit gewöhnen und wie sich die Bewegungen verändern. Sie werden raumgreifender, lockerer und die Pferde kommen in eine natürliche Selbsthaltung. Das gewünschte Vorwärts-abwärts-Dehnen entsteht von alleine, nicht durch den Einsatz eines Hilfszügels. Damit ist es ehrlich und nachhaltig und führt zu einer völlig neuen körperlichen und seelischen Losgelassenheit.

Freiarbeit hat mir bei vielen Pferden geholfen, schneller und effektiver zu einem lockeren, gymnastizierten Pferd zu gelangen. Sie ist heute noch ein wichtiges, nahezu tägliches Element im Umgang mit meinem Pferd.

Vertrauen und Gehorsam

Freiarbeit schult das Vertrauen zwischen Pferd und Mensch. Nach gut getaner Arbeit, auch nach Einzelleistungen freut sich das Pferd über ein stimmliches Lob. Dies kann durchaus auch mit einer schmackhaften Belohnung als „Verstärker" verbunden werden. Geduld und häufiges Wiederholen intensivieren den Lernerfolg. Freiarbeit ist ein wichtiges Element für den Gehorsam. Die zuverlässige Reaktion auf die Hilfengebung des Menschen kann hierbei besonders gut vermittelt und trainiert werden.

Zirkuslektionen sind eine interessante Abwechslung

Aufbauende Lektionen

Haben die Pferde gelernt, sich in den Grundgangarten frei und locker zu bewegen, so beginnen wir mit Übergängen. Mit Stimme, Körpersprache und Longierpeitsche geben wir die Impulse – und zwar klar und für die Pferde verständlich! Lob und rechtzeitiges Beenden der Arbeit halten die Pferde bei Laune und verhindern, dass Stress und Verspannungen entstehen.

Erfahrene Ausbilder sind in der Lage, den Pferden unzählige Lektionen in der Freiarbeit beizubringen. Gehen Sie wieder einmal in einen guten Zirkus, dort sind in der Regel große Könner am Werk. Eine Christl Sembach-Krone, ein Freddy Knie und ein Günther Fröhlich sind Meister in der Freiarbeit.

Erfahrene Ausbilder beherrschen die Freiarbeit und setzen sie gezielt und wirkungsvoll als Ergänzung der täglichen Ausbildung ein. Das Schaureiten wäre ohne einen Lorenzo oder die Gebrüder Pignot ohne Höhepunkte. Sie zeigen uns eindrucksvoll, welch großartige Bedeutung die Freiarbeit gerade im harmonischen, vertrauensvollen Zusammenspiel zwischen Pferd und Mensch hat.

Freiarbeit in Perfektion – Jean François Pignion
(Bemerkenswert – gehört aber nicht in die Hand des Laien)

Richtig angewendet, haben Pferde viel Freude daran, werden „im Kopf mitgenommen" und entwickeln so nebenbei freie Gänge, werden locker, aufmerksam und gelassen! **Was wollen wir mehr.**

Vorsicht

Mangels geeigneter Zirkel bzw. Round Pens (amerikanischer Ausdruck) machen viele Reiter Freiarbeit in der Halle. Dies ist selten wirklich gut zu realisieren. Ungeübte Pferde „explodieren", d.h. buckeln unvorbereitet los und können sich dabei schwere Verletzungen zuziehen. Das schnelle Stoppen in den Ecken, abrupte Richtungs- und Tempowechsel sind nicht zu kontrollieren und sind gefährlich.

Noch schlechter ist es, ausgebundene oder gesattelte und getrenste Pferde frei laufen zu lassen. Rutscht ein Pferd weg und stürzt, so sind meist Sattel und Trense defekt, das Pferd kann sich verletzen. Hier gehen zwar die Meinungen der Experten etwas auseinander (Dr. Rainer Klimke etc.), es ist aber nachvollziehbar, dass sich gerade junge Pferde ohne Einwirkung von Sattel und Hilfszügel besser ausbalancieren können. Völlig tabu sollte das Freilaufen-Lassen von mehreren Pferden sein. Unfälle sind dabei nahezu vorprogrammiert. Dazu sind unsere Hallen einfach ungeeignet. Sie sind oft zu klein, die Ecken sind nicht abgeschrägt und die Böden zu wenig griffig.

Kritisch sind auch Ausbildungswege zu sehen, die nur auf die Arbeit in Round Pens setzen. Spektakuläre Vorführungen vor meist unerfahrenem Publikum haben nichts mit einer soliden Ausbildung von Pferden zu tun. Sie bauen auf einem starken psychischen Druck auf die Pferde auf und wirken meist nur kurz, oft nur so lange, wie der Spezialausbilder in der Nähe ist! Einige dieser „Showausbilder" sind durchaus Pferdekenner, ob sie aber auch Könner sind, muss jeder für sich entscheiden! Solange diese Ausbildungsmethoden nicht von „Anwendern" sicher und schonend nachvollzogen werden können, sollten wir uns davon distanzieren!

Merke:
Freiarbeit ist ein wichtiges Element in der Ausbildung und im Training unserer Pferde. Die technischen Voraussetzungen und das fachliche Know-how müssen aber stimmen!

5.8 Longieren – aber richtig

Neben der Freiarbeit ist das Thema Longieren für alle Pferde von großer Bedeutung. Da es hervorragende Literatur über das Longieren gibt, möchte ich mich nur auf ein paar wesentliche Aspekte für das Thema Gelassenheit konzentrieren.

Longieren als Element der Gelassenheitsausbildung

Hierbei geht es um den Takt, die körperliche und seelische Losgelassenheit und den Schwung als kontrolliertes Element der Bewegungsdynamik. Die weiteren Punkte der Ausbildungsskala (Anlehnung, Aufrichtung und Versammlung) betreffen mehr die Ziele der sportorientierten Ausbildung.

Als **Elemente der Gelassenheit** sind daher folgende Kriterien von großer Bedeutung:

- Ruhiges Tempo in allen Gangarten
- Minimale Formung durch Hilfszügel – je weniger, desto besser
- Gezielte Konditionierung auf Stimmhilfen und Signale
- Viel Abwechslung (Handwechsel, Gangartwechsel, Bodenstangen)
- Minimale Einwirkung mit Longenhand und Longiergerte

Wenn wir die Pferde beim Longieren schon gut in der Kontrolle haben, können wir durchaus allmählich auch Elemente des Impulstrainings mit einbauen. Dazu zählen:

- Longieren an ungewohnten Plätzen
- Longieren in der Nähe unbekannter Gegenstände
- Longieren im Umfeld anderer Aktivitäten (Springparcours, Trailparcours)
- Longieren mit bewussten Gewöhnungsaufgaben (Flatterband, rollende Bälle, über kleine Baumstämme, unterschiedliche Bodenverhältnisse etc.)

Wir werden schnell feststellen, dass sich Pferde nach anfänglichen Verspannungen loslassen und vertrauensvoll auch mit unbekannten Situationen fertig werden. Dies dient der eigenen Sicherheit und verhindert kritische Situationen im Turnier oder auf einem Wanderritt.
Ausrüstung des Pferdes zum Longieren mit dem Ausbildungsziel Gelassenheit. Viel diskutiert wird, wie wir unsere Pferde zum Longieren ausstatten. Grundsätzlich empfiehlt sich das Anlegen von Gamaschen und Springglocken. Gerade junge Pferde haben noch erhebliche Balanceprobleme. Die weitere Ausrüstung hängt stark von der Gestaltung der Longierfläche ab. Am besten ist natürlich ein allseitig rund geschlossener Longierzirkel (mit oder ohne Dach). Hier erzielen wir die besten Ausbildungseffekte. Hier können wir nach der Freiarbeit sogar problemlos mit Stallhalfter arbeiten. Kommt es doch bei der Phase der Ausbildung nicht vordergründig auf die Körperformung des Pferdes an.

Müssen wir mangels einer besseren Möglichkeit in einer Reithalle oder auf einem Freiplatz ohne äußere Begrenzung longieren, dann sollte das Pferd mit einem Kappzaum oder einer Trense ausgerüstet sein. Die Longe wird hierbei in den seitlichen Ring des Kappzaums oder – bei der Trense – in den inneren Ring eingeschnallt. Bei jungen Pferden empfiehlt es sich, die Longe zusätzlich in das Reithalfter einzuschnallen oder in den Seitenring eines zusätzlichen Stallhalfters.

Longieren mit Kappzaum

Nicht bewährt haben sich die folgenden Verschnallungsarten:

- Durch den inneren Ring über das Genick zum äußeren Ring – hierbei verwerfen sich die Pferde stark im Genick.
- Durch den inneren Ring direkt in den äußeren Ring – dabei kann es zu einem schmerzhaften „Nussknackereffekt" durch das gebrochene Gebiss kommen.
- Mit einer sogenannten „Brücke" – hierbei entsteht der gleiche Effekt.

Hilfszügel (Dreieckszügel, Ausbinder etc.) gehören in die Hand des erfahrenen Ausbilders und sollten immer bewusst und verantwortungsvoll eingesetzt werden. In Bezug auf Gelassenheitstraining sollte der Einsatz von Hilfszügeln minimiert werden.

Merke:

Wir unterscheiden zwischen Longieren als Element der Ausbildung zur Gelassenheit und zur sportorientierten Ausbildung!

5.9 Reiten und Fahren – aber bitte gelassen

Sie werden verstehen, wenn ich auf die Themen Reiten und Fahren nur ganz kurz eingehe. Es ist nicht das Ziel dieses Buches, neue Reit- oder Fahrlehren zu entwickeln. Dazu gibt es unzählige wertvolle Bücher, die das viel besser beschreiben, als ich es könnte.

Vielmehr möchte ich mich mit dem Thema Gelassenheit beim Reiten und Fahren befassen!

Egal, welche Reitweise wir praktizieren, egal, ob wir im Leistungssport oder im Freizeitsport unsere Erfüllung mit Pferden suchen, Gelassenheit ist immer ein wichtiges Element für einen vertrauensvollen und harmonischen Umgang zwischen Pferd und Mensch.
Basis allen Pferdesports ist immer eine sorgfältige Grundausbildung von Pferd und Reiter/Fahrer. Dazu benötigen wir Ausbilder, die ihr Handwerk verstehen. Ausbilder sollten Fachleute sein, die über eine entsprechende Fachausbildung und über umfangreiche eigene Erfahrungen verfügen.

Merke:

Es ist zu empfehlen, sich in der eigenen Ausbildung oder in der Ausbildung seines Pferdes nur qualifizierten Ausbildern anzuvertrauen.

Leider greift das Berufsbildungsgesetz nur in einigen Bereichen. So darf jeder Unterricht für Reiter erteilen und Pferde ausbilden, ohne einen Qualifikationsnachweis haben zu müssen. Dies öffnet Tür und Tor für Menschen, die sich trotz mangelhafter Kompetenz als Ausbilder vermarkten. Das Risiko ist sehr groß, dass Unfälle passieren und dass Menschen und Pferde falsch ausgebildet werden. Andere Sportarten (z.B. Skilauf) lassen nur ausgebildete und geprüfte Lehrer unterrichten!

Im konventionellen Reitsport wird das Ausbildungswesen durch die APO geregelt. Wir unterscheiden den beruflichen Ausbildungsweg (Pferdewirt und Pferdewirtschaftsmeister in verschiedenen Disziplinen) und den Amateurweg (Trainer C, B, A, ebenfalls mit unterschiedlichen Schwerpunkten).
In den anderen Reitweisen existieren ebenfalls entsprechende Ausbilderqualifikationen.

Das Thema Gelassenheit hat in jüngerer Vergangenheit auf dem Gebiet der Freizeit- und Basisreiterei sehr an Bedeutung gewonnen. Ich wünschte mir von ganzem Herzen, dass dieses Gedankengut auch einen größeren Stellenwert in unserem Turniersport bekommen könnte. In der Diskussion über die Ausbildungsskala wurde schon von namhaften Hippologen überlegt, die „Losgelassenheit" als ersten Punkt vor den Takt zu stellen.

Der Begriff der „Losgelassenheit" spielt eine derart zentrale Rolle, dass bis heute ausführlich darüber diskutiert wird. „Losgelassenheit" wie unsere Reitlehre sie definiert, ist allerdings ohne Gelassenheit niemals zu erreichen. Psychische Entspanntheit ist die Basis für jeden Schritt, den unsre Ausbildungsskala uns vorgibt. Nicht ein einziger Punkt dieser Ausbildungsrichtschnur ist ohne diese innere Gelassenheit erreichbar.

Ich wünsche diesem Buch unendlich viel Erfolg, mögen alle unsere Reiter zum Wohle unserer Pferde diese Gelassenheit in ihre tägliche Arbeit aufnehmen und damit unschöne und verschleißträchtige gespannte Arbeit zu den Akten legen.

STATEMENT DR. GERD HEUSCHMANN
FACHTIERARZT PFERD UND KÄMPFER FÜR PFERDESCHONENDE REITWEISEN

Geländereiten/-fahren – die beste Gelassenheitsschule

Wir selbst können die Gelassenheit am besten durch häufiges Geländereiten/-fahren verbessern. Vorher empfiehlt sich ein vorbereitendes Training auf einem sicheren Reitplatz oder in einem Reitpark mit vielen Trainingsaufgaben. Nur das Training mit natürlichen und künstlichen Reizen macht unsere Pferde gelassen und geländesicher. Über verspannte Pferde am Turnier, die nur in der Halle oder auf dem gewohnten Reitplatz trainiert werden, brauchen wir uns nicht zu wundern. Nur das regelmäßige Geländetraining schult die Reaktionen und macht die Pferde selbstsicher – und die Reiter/Fahrer auch. Daher mindestens zweimal pro Woche statt des Intensivtrainings ab ins Gelände. Das macht Pferd und Reiter gelassen, bringt Abwechslung, stärkt die Gesundheit und hält die Pferde bei Laune!

Natürlich sind wir aufmerksam und vorausschauend. Wir sollten mit unerfahrenen Pferden nur in bekanntes Gelände gehen. Wir müssen mögliche „Gefahren" am besten schon vor den Pferden erkennen und uns auf etwaige Reaktionen einstellen. Geländereiten ist daher gerade bei unerfahrenen Pferden mit voller Konzentration zu absolvieren.

Reiten im Gelände macht gelassen.

Gut ist es, mit mehreren Pferden ins Gelände zu gehen. Das ist gut für unsere vierbeinigen „Azubis" und macht einfach mehr Freude.

Steigern wir gezielt die Anforderungen und stellen unseren Pferden und uns auch gezielte Übungsaufgaben. Ideal zum Üben ist ein Reitpark mit Impulsparcours, wie wir ihn noch ausführlich vorstellen.

Gelassenheit – der Wesenszug, der das Islandpferd in Deutschland so beliebt gemacht hat.
In einer Zeit, in der sportliche Leistungen und ein schönes Gebäude den Pferdezüchtern Deutschlands wichtiger waren als Charakter und Achtsamkeit, konnte das Islandpferd schnell Fuß fassen. Seine Fähigkeit, in Ruhe konzentriert mitzuarbeiten, Außenreize gelassen wahrzunehmen und hohe Aktivität in Einklang mit ruhigem, tiefem Atem zu bringen, machten das Islandpferd so beliebt.
Wie alle Reit- und Arbeitspferde brauchte das Islandpferd Gelassenheit, damit eine hohe Leistung verlangt werden konnte, ohne dass es zu Gegenwehr kam. Gelassenheit ist notwendig, um Leistung in seelischem und körperlichem Gleichgewicht zu zeigen und die Gänge in hoher Geschwindigkeit und gutem Takt zu präsentieren.

Leider wird seit einiger Zeit in der Islandpferdezucht viel mehr Wert auf große Bewegungen und Temperament als auf die dafür notwendige Gelassenheit gelegt. Dadurch findet man auch unter den Islandpferden mittlerweile einige, denen es an innerer Ruhe fehlt.
Auch störende reiterliche Einwirkung oder Außenreize beeinflussen die innere Balance und wirken sich negativ auf die Gelassenheit aus. Ebenso können gravierende Gebäudemängel, wie z.B. eine schwache Schulter mit einem zu kurzen Vorderbein, die körperliche Balance und somit die Gelassenheit stark beeinträchtigen.
Auf Turnieren wird gerade im Tölt und Schritt sichtbar, wenn Pferde nicht gelassen sind. Der Tölt braucht zwar Spannung, aber eben positive Spannung. Bei negativer Spannung kommt es zur Verspannung und damit zum Pass. Bei zu laschem Reiten wird aus dem Tölt schnell Trab.
Fazit: Gelassenheit ist, wenn höchstmögliche Energie bzw. Temperament in Ruhe und Lockerheit gehalten werden kann. Das ergibt in allen Aktivitäten Balance, körperliche und seelische. Daraus entstehen guter Takt, Schwung und kraftvolle Bewegungen, die den Reiter ausbalancieren und mitnehmen.

STATEMENT BRUNO PODLECH
ISLANDPFERDEZÜCHTER, MEHRFACHER WELTMEISTER BEI ISLANDPFERDE-WMS,
AUSBILDER UND PHILOSOPH

5.10 Gelassenheitstraining – für alle Pferde

Das beste Gelassenheitstraining ist eine solide, umfassende, pferdegerechte Grundausbildung. Und doch ist es sinnvoll und für alle Reitweisen und Leistungsebenen zu empfehlen, ein gezieltes Gelassenheitstraining zu absolvieren.

Dies orientiert sich immer am momentanen Ausbildungsstand der Pferde. Die Anforderungen sollen immer so sein, dass die Pferde nicht überfordert werden. Ein Vorgehen in kleinen Lernschritten ist daher oberste Priorität. Nur dann sind Pferde in der Lage, ihre Reaktionsmechanismen zu trainieren und die Schreckintensität zu reduzieren.

Vielfalt der Trainingsreize = Impulstraining

Pferde sind hochsensibel und verfügen über ausgesprochen scharfe Sinne. Wir müssen daher das Impulstraining auf die Sinneswahrnehmungen ausrichten.

Optische Reize

Darunter verstehen wir alle Dinge, die Reaktionen bei den Pferden auslösen. Unbekannte Gegenstände, Farben, Formen und Materialien können als Reize dienen. Orientieren wir uns dabei immer an Gegenständen des täglichen Lebens, also an Alltagsgegenständen.
Beginnen wir mit Gegenständen, die den Pferden bekannt sind. Nur stellen wir sie an andere Standorte, verändern sie ein bisschen und testen, wie unsere Pferde darauf reagieren.

- Ein Stuhl in einer Hallenecke
- Eine Decke über der Bande an einem anderen Platz
- Ein Mülleimer in der Hallenmitte, der Pferde (und Reiter) völlig aus der Fassung bringen kann
- Ein Stück Teppichboden in der Halle oder am Platz
- Eine Blumenschale am Platzeingang
- Ein Pferdeanhänger am Springplatz
- Eine Kunststoffplane zum Überreiten
- Ein Torbogen zum Durchreiten
- Lichtreize (Scheinwerfer, Taschenlampe, Blitzlicht)
- Unbekannte Springhindernisse

Üben, üben, üben

Fotos entnommen aus: Karin Lührs. „111 Lösungswege für das Reiten." FN*verlag*, Warendorf 2006

Akustische Reize

So gut Pferde sehen, so gut können sie auch hören. Da unsere Umwelt voll akustischer Reize ist (Autos, Musik, Maschinen), sollten wir unsere Pferde daran gewöhnen und sie damit vertraut machen. Ein Radio in der Halle, am Platz oder im Stall ist daher kein „Spleen", sondern Teil einer gezielten Gelassenheitsausbildung. Aber auch besondere Geräusche sollten trainiert werden. Dies kann durch Rekorderaufnahmen von Zisch-, Klapper- oder sonstigen Geräuschen erfolgen. Unerfahrene Pferde reagieren oft panisch, wenn Sie das Zischen eines Wasserschlauches oder einer Fliegenspraydose hören. In der gerittenen GHP ist dies sogar eine eigene Aufgabenstellung.

- Autohupe
- Jagdhornsignale
- Hundegebell
- Geräusche einer fahrenden Eisenbahn
- Klingeln, Zischen, Klappern, Rasseln
- Unterschiedliche Musik in mehreren Lautstärken
- Handwerksgeräusche (Hämmern, Sägen, Bohren)

Als Verstärkung des Trainingseffektes können die Geräusche auch in unterschiedlichen Entfernungen ausgelöst werden. Auch das Ertönen hinter Hecken oder Sichtblenden ist ein gutes Training. Denken Sie dabei bitte immer an die Nachbarn – die völlig überrascht sein dürften, wenn auf dem Springplatz plötzlich ein Zug vorbeifährt!

Hüten Sie sich und Ihre Pferde aber vor einer „Dauerberieselung mit Geräuschen". Dies ist nervtötend und stumpft ab. Es kann sogar aggressiv machen.

Bewegungsreize

Pferde reagieren besonders empfindlich auf Bewegungsreize. Eine flatternde Plane, ein rollender Ball, ein spielendes Kind, ein auffliegender Fasan im Gelände – all dies kann den Fluchtreflex auslösen und Pferd und Reiter in eine schwierige, oft gefährliche Fluchtreaktion bringen.

Es ist daher von großer Wichtigkeit, Pferde an Bewegungen zu gewöhnen.
Dazu benötigen wir meist einen oder mehrere Helfer, die die Bewegungsreize simulieren. Da dies mit einem Aufwand verbunden ist, empfehle ich, derartige Trainingseinheiten mit Gleichgesinnten zu koordinieren oder das Training in einem Lehrgang oder im Gruppenunterricht zu organisieren.

- Ein geschobener Schubkarren (z.B. beim Hallenabmisten)
- Ein von einem Helfer gezogenes farbiges breites Band
- Eine Pferdecke, die sanft bewegt wird
- Ein Ball, der in der Nähe des Pferdes gerollt wird
- Ein Regenschirm, der langsam geöffnet und geschlossen wird oder sich dreht
- Luftballons, die auf und nieder bewegt werden
- Flatterbänder an hohen Gestellen
- Andere Tierarten (Hunde, Vögel, Wildtiere)

Besonders wichtig ist auch das Training auf Kühe, Schafe oder Ziegen! Eine „Trainingskoppel" neben einer Kuhweide hilft dabei bestens!

Geruchsreize

Pferde orientieren sich auch mit der Nase an ihrer Umwelt. Sie können sehr gut riechen und unterscheiden angenehme von unangenehmen Gerüchen. Auch wenn das Geruchstraining noch relativ selten praktiziert wird, so dürfen wir es nicht außer Acht lassen, da Gerüche wichtige Informationsquellen für Pferde sind. Denken Sie nur an das Beschnuppern von fremdem Pferdekot – das ist wie das Lesen der Tageszeitung.

- Pflegesprays
- Fliegenschutzmittel
- Medikamente
- Parfüm
- Flüssigkeiten
- Tiergeruch (z.B. in der Landwirtschaft)

Am besten wird das Geruchstraining dahingehend in die tägliche Arbeit mit eingebaut, indem wir Pferden die Gelegenheit geben, unbekannte Gegenstände nicht nur anschauen, sondern auch anschnuppern zu lassen.

Berührungsreize

Pferde verfügen über eine sehr sensible Hautoberfläche. Nicht alle Berührungen werden als angenehm empfunden. Da Pferde als Fluchttiere unangenehmen Berührungen durch Wegspringen oder Flüchten entgehen wollen, kann dies mitunter zu gefährlichen Situationen führen. Es ist daher sinnvoll und empfehlenswert, Pferde auch im Bereich der Berührungsreize zu trainieren.

Denken Sie nur an eine Siegerehrung, wo Decken aufgelegt werden, Blumen überreicht werden oder Lorbeerkränze umgehängt werden!

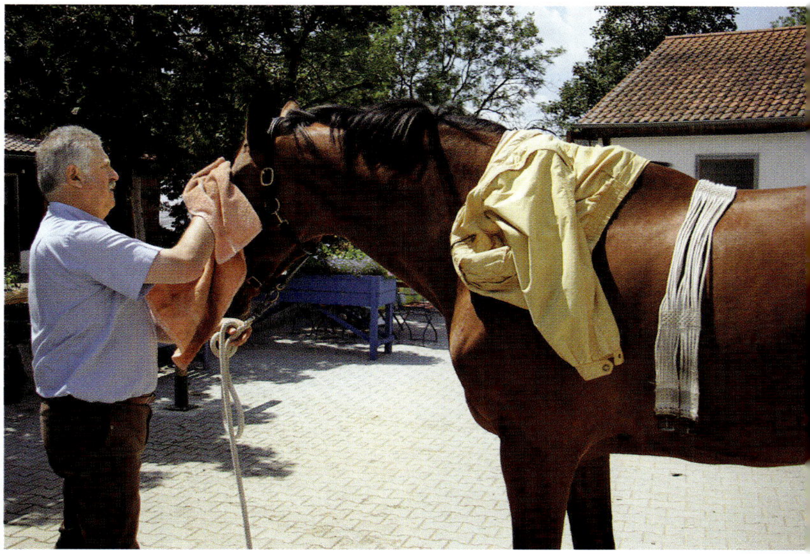

Berühren macht gelassen

- Berühren mit verschiedenen Materialien (Pferdedecke, Kunststoffsack, Plastikkette, Blumenstrauß)
- An- und Ausziehen von Regenjacken auf dem Pferd
- Decken abnehmen und auflegen vom Pferd aus
- Abspritzen mit Wasser
- Aufbringen von Pflege- und Fliegenspray
- Abhören mit dem Stethoskop
- Berühren mit verschiedenen Gerten
- Auflegen von Satteltaschen (z.B. für Wanderritte)

Merke:

Gelassenheitstraining spricht alle Sinne der Pferde an. Dies ist ein Ausbildungsprozess, der nie abgeschlossen ist.

Teil 2
Praktische Anwendung/Prüfung

1. Impulsparcours und Reitpark

2. Der Blick in die Zukunft

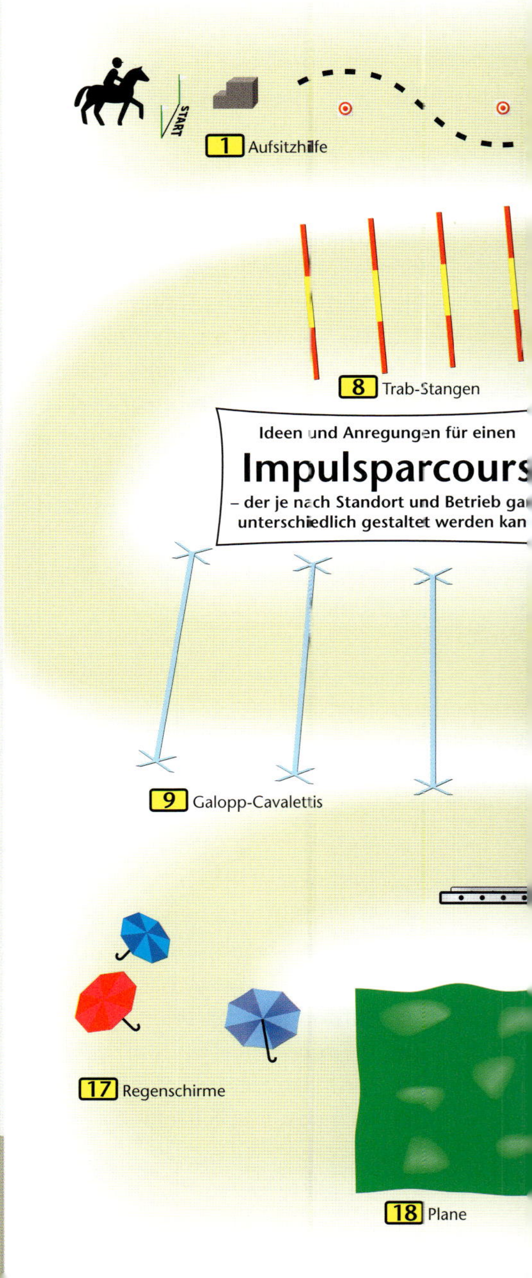

Kapitel 1

Impulsparcours und Reitpark

Gelassenheitstraining für Pferd und Reiter als integraler Bestandteil einer ganzheitlichen Ausbildung

Zum Training dieser Gelassenheitsaufgaben empfiehlt es sich, spezielle Trainingsbereiche in Form eines Impulsparcours in einem Pferdebetrieb anzulegen.

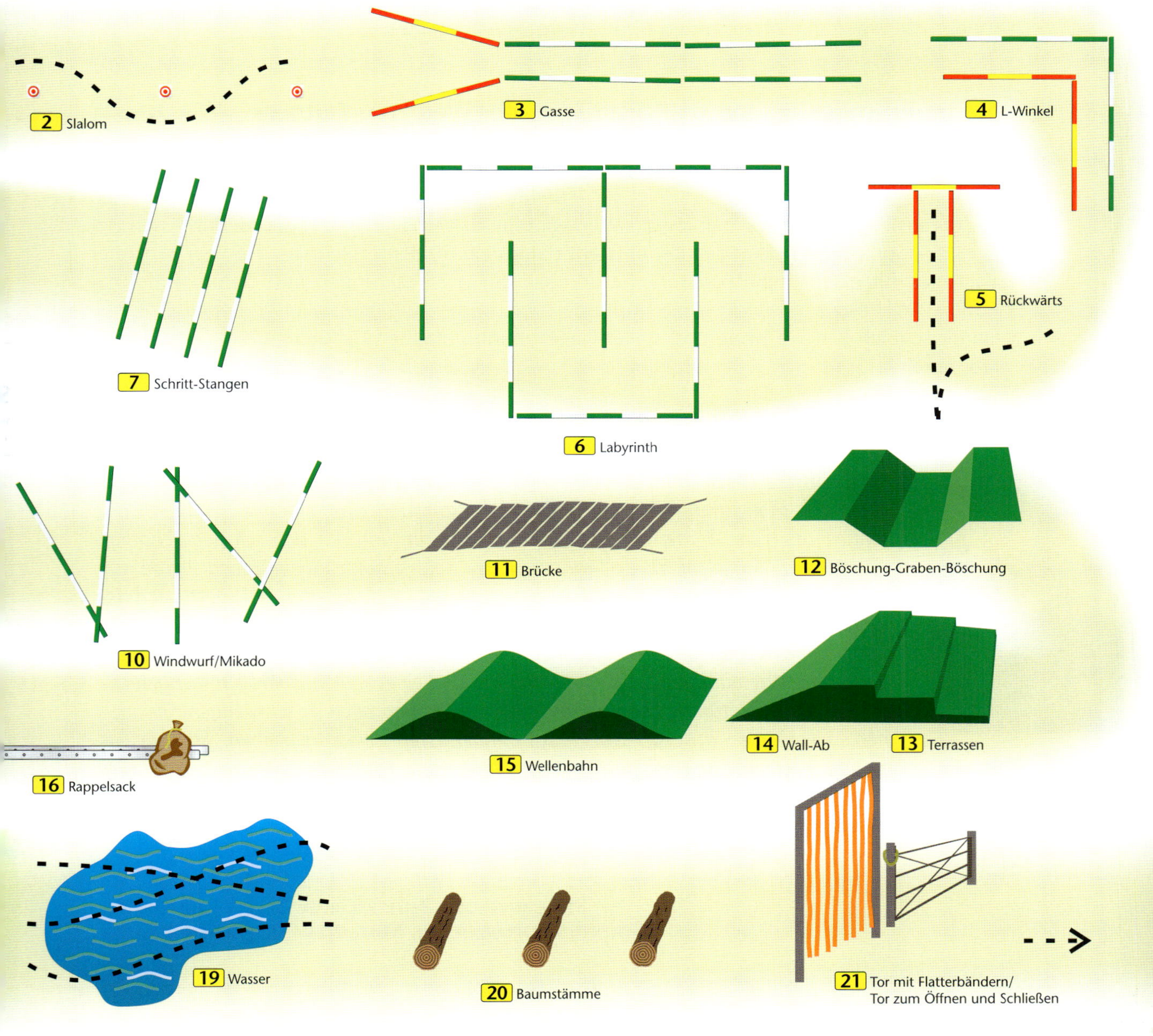

Im Westernreitsport ist es seit Langem üblich, Trailparcours zu gestalten, in denen viele unterschiedliche Übungsaufgaben enthalten sind. Diese sind oftmals den Aufgaben der GHP (Flatterbänder, Brücke, Stangenaufgaben etc.) ähnlich und eignen sich hervorragend für das Gelassenheitstraining. Derartige „Impulsparcours" können mit viel Fantasie und der Ausnutzung vorhandener Gegebenheiten sehr interessant und attraktiv gestaltet werden. Sie können fester Bestandteil von Reitparks werden, in denen Pferde und Reiter gezielt und mit viel Übersicht auf den Pferdesport vorbereitet werden können.

Gerade die Integration von Gelassenheitsaufgaben in die Themen Springen und Geländereiten bietet völlig neuartige Ausbildungsreize für Sport- und Freizeitreiter. Von derartigen Trainingsarealen profitieren alle Kunden eines Pferdebetriebes gleichermaßen. Nicht nur der Einsteiger, auch der fortgeschrittene Reiter und der Profi können hier Pferde und Reiter auf modernste Weise mit interessanten Übungsaufgaben ausbilden.

1.1 Impulsparcours und GHP-Training – der Weg zum Reitpark

Es empfiehlt sich, in guten Pferdebetrieben neue Wege in der Anlagengestaltung zu gehen. Wenn wir uns an den Aufgaben der GHP – geführt und geritten – orientieren, dann können wir daraus ein komplettes Trainingsareal entwickeln. In Verbindung mit den Bedürfnissen der Dressur-, Spring- und Geländereiter entsteht daraus ein moderner Reitpark. Hier ein konkreter Vorschlag für einen Impulsparcours mit den jeweiligen Zielsetzungen und Trainingsinformationen. Am besten teilen wir einen Impulsparcours in die Aufgabenstellungen einer GHP ein. Damit schulen wir alle Sinne und stellen viele Übungsaufgaben für den Turnier- wie für den Freizeitreiter.

Fahrpferde müssen blitzschnell und zuverlässig auf die Kommandos des Fahrers reagieren. Das ist für das sichere und im Sport erfolgreiche Fahren von großer Bedeutung. Unsere Pferde müssen daher neben den körperlichen Voraussetzungen auch eine hohe Motivation, vertrauensvollen Gehorsam und eine gehörige Portion Gelassenheit besitzen. Pferde, die nervös, unaufmerksam und mit sich selbst beschäftigt sind, eignen sich nicht für den Fahrsport. Wir setzen daher überwiegend Pferde aus eigener Zucht ein. Unsere Orlov Traber werden seit Jahrhunderten auf sportliche Leistung und auf ein ausgeglichenes Wesen mit einer stabilen Gelassenheit gezüchtet.
Zudem entwickeln wir die Gelassenheit gezielt durch eine sorgfältig ausgewählte Anpaarung, artgemäße Aufzucht, gute Haltung und einen vertrauensvollen fachgerechten Umgang. Natürlich üben wir mit unseren Pferden auch in schwierigen Situationen, wie sie den anspruchsvollen Fahrhindernissen gelassen bleiben. Stecken wir einmal in einem Hindernis fest, müssen Pferde und Fahrer gelassen reagieren. Hier zählen Sekunden, um wieder „flott" zu werden.
Gelassenheit ist eine wichtige Voraussetzung für gute Fahrpferde – wir legen in der Zucht und in der Ausbildung viel Wert darauf. Und haben Erfolge damit, auf die wir stolz sind!

Statement Josef Zeitler/Orlov Gestüt Landstetten
Goldenes Fahrabzeichen, Mitglied im Deutschen A Kader

Aufgabe 1

Halten, Vorstellen, Vormustern und Aufsitzen

Für alle Aufgabenteile benötigen wir eine oder mehrere ebene Flächen in der Größe von ca. 10 x 30 m. Markierungen für die Aufstellposition der Pferde vor den Richtern können wir farblich am Boden markieren oder dafür sogar eine Sandfläche anlegen.
Start und Endpunkt der Trabstrecke sind durch Pylonen, Flaggen oder – noch schöner – durch Blumenkübel oder Pflanzen definiert.

- **Ziel** der Aufgabenteile ist es, das Pferd im Stand vorzustellen und den Richtern/Zuschauern die Gelegenheit zu geben, das Pferd und seinen Allgemein- und Pflegezustand in Ruhe zu betrachten und sich zu vergewissern, dass Pferd und Führperson/Reiter den folgenden Aufgabenstellungen gewachsen sind.

Vorbildliches Halten beim Vormustern

Für die Richter oder den Ausbilder ist ein kleines Zelt oder ein Pavillon als Sonnen- und Regenschutz komfortabel. Tisch, Stühle und Stromanschluss sind kein Luxus, sondern Zeichen eines professionellen Betriebes.

In dieser Zone 1 können wir unsere Pferde in aller Ruhe trainieren. Dazu zeigen wir ihnen erst einmal alles, was wir in dieser Zone vorfinden. Wir führen die Pferde an alle Gegenstände von beiden Seiten heran, lassen sie betrachten, beschnuppern und entwickeln so das Vertrauen.

Dann üben wir das Aufstellen. Das Pferd wird in der Aufstellfläche so positioniert, dass die Richter es seitlich betrachten können. Die Beinstellung sollte zu den Richtern leicht offen sein.

Der Führstrick oder die Zügel hängen leicht durch. Die Zügelenden sind aus Sicherheitsgründen offen, damit kein Pferd in die „Zügelschlaufe" steigen kann. Der Führer steht vor dem Pferd und nennt den Namen des Pferdes und seinen eigenen Namen. Auf die sonst übliche Nennung der Rasse und der Abstammung sollte bei einer GHP aus Zeitgründen verzichtet werden. Auf Befragen der Richter sollten diese Informationen natürlich parat sein. Während die Richter um das Pferd herumgehen, um es von allen Seiten zu betrachten, sollte das Pferd ruhig und gelassen stehen bleiben.

Auf Kommando der Richter wird das Pferd im Schritt angeführt. An der ersten Markierung wird angetrabt. Das Pferd wird in freiem, taktmäßigem Trab bis zur nächsten Markierung geführt. Führstrick oder Zügel hängen leicht durch, ideal ist es, wenn der Führer im gleichen Schrittmaß und Takt wie sein Pferd läuft.
Er befindet sich seitlich zwischen Schulter und Kopf seines Pferdes. Der Übergang zum Schritt wird durch ein leichtes Heben der linken Hand eingeleitet und mit Stimmkommando ausgelöst. Heftiges Ziehen oder gar grobe Paraden sind nicht gerne gesehen und führen zu einer schlechten Bewertung.

Im Schritt wendet der Führer sein Pferd um die Markierung rechts herum. Zur Unterstützung hebt er die linke Hand. Dann beginnt die zweite Trabtour bis zur nächsten Markierung.

Diese Aufgabe ist eine Kontrolle für die Richter, ob das Pferd taktrein geht und ob es gehorsam geführt werden kann. Taktunreine oder grob ungehorsame Pferde werden zum Schutz der Führperson und Dritter nun auf Kommando der Richter aus der Prüfung genommen. Ist alles in Ordnung, kann die Prüfung fortgesetzt werden.

Bei der gerittenen GHP wird das Pferd nun zur Aufsitzhilfe geführt, der Führer sitzt auf sein gelassen stehendes Pferd auf und absolviert die vorgegebene Trabstrecke. Dies dient ebenfalls den obigen Kontrollen und damit der Sicherheit.

Dies ist eine sehr wichtige Übung, denn erfahrene Pferdemenschen sitzen immer, wenn es möglich ist, von einer Aufsitzhilfe auf. Das schont den Sattel, den Pferderücken und die Gelenke der Reiter. Natürlich sollten wir auch vom Boden aus aufsitzen können, es sollte aber die Ausnahme sein. Während und nach dem Aufsitzen müssen Pferde in völliger Ruhe stehen – alles andere wäre kontraproduktiv.

In der Praxis sehen wir oftmals sehr unschöne Bilder – unruhige Pferde, akrobatisch verrenkte Reiter und ein heftiges Sich-in-den-Sattel-fallen-Lassen, um dann mit harter Zügelhand das davonstürmende Pferd zu bremsen! Davon sollten wir uns distanzieren – das ist schlechtes Horsemanship!

In der Zone 1 können erfahrene Ausbilder viele Grundlagen für den Gehorsam und die Gelassenheit der Pferde erarbeiten. Ruhe, Lob bei gelungener Ausführung und nur so viele Wiederholungen wie nötig, sind in dieser Aufgabenstellung von großer Bedeutung. Anfangs können durchaus Helfer eingesetzt werden, bis das Pferd gelernt hat, die einzelnen Komponenten ruhig und aufmerksam auszuführen.

Aufgabe 2

Aufsteigende Luftballons hinter der Hecke

In der geführten GHP ist dies die zweite Aufgabenstellung, in der gerittenen GHP die vierte.

- **Ziel** dieser Aufgabe ist es, Pferde auf unerwartet auftauchende Bewegungsreize zu trainieren. Das können Fußgänger sein, Hunde oder Wildtiere wie Hasen oder Fasane.

Die Hecke kann aus zwei großen, aufeinander gestellten Strohballen bestehen, aus Decken, die über Hindernisstangen gelegt sind, oder es kann auch eine natürliche Hecke sein. Das ist am schönsten und für die Pferde am natürlichsten. Wir sollten uns bei der Gestaltung der Übungsaufgaben immer an der Natur oder den in unserer Umwelt vorkommenden Situationen orientieren.

Das Pferd wird zu der Hecke geführt bzw. geritten. Der Helfer hebt nun die Luftballons mehrmals nach oben, sodass das Pferd die Luftballons deutlich sehen kann. Damit wird die Schreckreaktion des Pferdes getestet. Die Pferde sollten die Luftballons aufmerksam betrachten, ihren Weg aber, ohne auszuweichen, gelassen fortsetzen. Wichtig ist, dass die Helfer bei allen Pferden gleichermaßen verfahren. Der Einfluss unterschiedlicher Hebegeschwindigkeiten oder ungleiche Zeitpunkte wirken sich stark auf die Reaktionen der Pferde aus.

Zum Training wird die Aufgabe in einzelne, leicht zu verarbeitende Reize aufgesplittet: Wir beginnen erst mit einem sichtbaren, ruhig gehaltenen Luftballon, den die Pferde in Ruhe betrachten können. Dieser kann dann etwas bewegt werden, bis das Pferd Vertrauen gefasst hat. Wie schnell dann zu den gehobenen und gesenkten Luftballons gegangen werden kann, hängt von der Lerngeschwindigkeit des Pferdes ab.

Manche Pferde betrachten die Luftballons sehr genau, andere schauen lieber weg. Sie müssen herausfinden, wie Ihr Pferd am besten damit klarkommt. In den GHP-Prüfungen kommen die Ballons immer von links, zum Üben ist es wichtig, das Pferd beidseitig zu trainieren.

Fortgeschrittene Pferde üben diese Aufgabenstellung auch mit anderen Gestaltungselementen (farbige Decken) und an anderen Orten. Empfehlenswert ist es, dies auch im Gelände zu üben, denn dort warten ja die „echten Gefahren". Das sollte aber von einem erfahrenen Ausbilder begleitet werden!

Diese Aufgabe ist besonders für Turnierpferde zu empfehlen, denn jeder Turnierplatz bietet zahlreiche Überraschungen.

Aufgabe 3

Stangenkreuz

In der geführten GHP ist es die dritte, in der gerittenen GHP die zweite Aufgabe. Für das Thema Stangenarbeit als Element der Bodenschule ist es wichtig, im Impulsparcours ausreichend große Flächen anzulegen. Diese können durch Bäume, Buschgruppen oder sonstige Gestaltungselemente deutlich markiert werden. So entstehen „Räume", die in sich optische Einheiten bilden.

- **Ziel** ist es, dass das Pferd das Stangenkreuz über die Diagonale überwindet, ohne die Stangen zu berühren und ohne das Tempo und das Gleichmaß der Bewegung zu verändern.

Als Vorübungen dient die vorher ausführlich geübte Bodenschule über Stangen in den verschiedensten Positionen und Höhen. Zunächst sollten die Stangen flach am Boden liegen, bevor sie aufeinandergelegt und fixiert werden. Die Stangen sollten dazu mittels Schnüren oder Kabelbinder so aneinandergebunden werden, dass sie bei Berührung nicht wegrollen können. Das kann zu gefährlichen Situationen führen.

Sehr gutes Überwinden des Stangenkreuzes

Pferd verspannt sich beim Überwinden des Stangenkreuzes.

Unsichere Pferde lernen schneller, wenn ein erfahrenes Führpferd vorneweg geht. Gerade junge Pferde lernen durch Nachahmung schnell und am besten.

So leicht das Stangekreuz aussieht, ist es doch eine anspruchsvolle Aufgabe, die ein hohes Maß an Körperbeherrschung, Aufmerksamkeit und Bewegungskoordination erfordert.

Die Steigerung des Stangenkreuzes ist das Überwinden loser und beliebig positionierter Stangen, auch „Windwurf" genannt. Auf dem Platz ist diese Übung eine gute Schulung und im Gelände eine natürlich vorkommende Aufgabe. Faire Abstände und Positionen sind Grundvoraussetzung. Die Anforderungen nur ganz langsam steigern, bis die Pferde Beobachtung, Balance und Körperbeherrschung entwickeln. Das kann unterschiedlich lange dauern, aber die meisten Pferden steigern sich ganz enorm.

Aufgabe 4

Flatterband-/Müllsackpassage

In der geführten GHP ist es die vierte, in der gerittenen GHP die dritte Aufgabe.

- **Ziel** der Aufgaben (es sind mehrere Reize, die hier zusammenkommen) ist es, Pferde an unbekannte Gegenstände, die sich auch im Wind bewegen können, heranzuführen.

Mit Hindernisständer, rot-weißen Bändern und farbigen Mülltonnen und Müllsäcken wird eine Passage errichtet, durch die Pferde geführt bzw. geritten werden.

Zum Training empfiehlt es sich, den Weg zu dieser Aufgabe mit Bodenstangen als Trichter zu markieren. Das kennen die Pferde aus der Bodenschule.

Zerlegen Sie die Aufgabe in einzelne, für das Pferd leicht erlernbare Übungseinheiten. Beginnen Sie mit der einfachen, anfangs überbreiten Gasse, die mit dem Bodenstangen-Trichter ausgestattet ist. Das kennen die Pferde und sie können sich voll auf die neuen seitlichen Begrenzungen konzentrieren. Halten Sie auch in der Gasse an und lassen das Pferd in Ruhe stehen, bis es sich entspannt. Sprechen Sie mit Ihrem Pferd, loben es und lassen es von einem Helfer füttern. Dann verbindet das Pferd den ungewohnten Ort schnell mit etwas Angenehmen.

Die Müllsackpassage stellt kein Problem dar.

Gewöhnen Sie dazu Ihr Pferd einzeln und nacheinander an die Gegenstände wie die Mülltonnen und das Flatterband. Kombinieren Sie alles dann in der zunächst weit gestellten Gassensituation.

Lassen Sie Ihr Pferd die Flatterbänder zunächst in Ruhe und erst dann in der Bewegung betrachten. Fügen Sie nun die einzelnen Komponenten Schritt für Schritt zusammen und Sie werden sehen, Ihr Pferd lernt schnell, diese Passage gelassen zu durchqueren.

Diese Übung simuliert Alltagssituationen, wie wir sie auf dem täglichen Ausritt und auf dem Turnier immer wieder erleben können. Je besser die Pferde lernen, damit umzugehen, umso weniger regen sie sich später auf. Ruhige Vertreter der Gattung Pferd werden aufmerksamer und wacher und lernen, sich mehr mit ihrem Umfeld auseinanderzusetzen.

Oft hilft auch hier ein Führpferd oder ein Helfer, der das Pferd zusätzlich unterstützt.

Aufgabe 5

Angerollte Bälle aus einer Heckenlücke

Diese Übung kommt nur in der geführten GHP vor, da sie oft zu heftigen Reaktionen führt.

- **Ziel** ist es, die Pferde an sich im Bodenbereich schnell bewegende Gegenstände oder Tiere zu gewöhnen. Dies können im Alltag tatsächlich Bälle sein, denen spielende Kinder folgen. Die Übung simuliert aber auch kleine Tiere (Katzen, Hunde, Hasen, Fasane), die schnell zur Seite springen und unser Pferd aus der Fassung bringen.

So wollen wir das!

Die Gestaltung der Aufgabe ist ähnlich wie bei den Luftballons. Aus Hindernisteilen und Pferdedecken wird eine Hecke simuliert, es können auch Strohballen oder – am besten – kann eine echte Hecke eingesetzt werden. Natürlich können wir auch die Hecke mit den Luftballons von der anderen Seite benutzen!

Das Pferd wird in die Gasse aus Hecke und Bodenmarkierung geführt. Helfer rollen drei Bälle nacheinander aus der Lücke quer vor dem Pferd vorbei. Niemals dürfen die Bälle zwischen die Pferdebeine gerollt werden.

Zunächst wird die Gasse ohne Bälle geübt, dann legen wir Bälle auf den Boden. Erst dann beginnen wir, einzelne Bälle zu rollen. Ist das Pferd danach daran gewöhnt, stellen wir uns vor die Gasse und lassen die Bälle aus der Lücke rollen. Erst wenn das Pferd dies aufmerksam, aber ruhig betrachtet, beginnen wir, die Übung im Schritt zu entwickeln.
Diese Aufgabe lässt sich auch ganz einfach an anderen Orten und im Gelände vertiefen – was sehr zu empfehlen ist –, denn dort erleben wir die Situationen, die die Gelassenheit von Pferd und Reiter benötigen. Pferd und Reiter müssen lernen damit umzugehen.
Hier sollten die Pferde mit einer Longe oder einem langen Zügel geführt werden, um die Kontrolle bei einer heftigen Reaktion nicht zu verlieren. Und bitte immer zu zweit, nach dem Motto „sicher ist sicher".

Gerade bei dieser Aufgabe zeigen sich große Unterschiede im Naturell der Pferde. Die einen reagieren nahezu panisch, andere zeigen kaum eine Reaktion.

Aufgabe 6

Rückwärtsrichten

In der geführten GHP ist es die sechste, in der gerittenen GHP die fünfte Aufgabenstellung.

- **Ziel** der Aufgabe ist der Gehorsam auf die ganze Parade und das willige Rückwärtstreten. Ob auf dem Turnier oder im Gelände, es gibt immer Situationen, die nur durch ruhiges Halten und/oder durch Rückwärtsgehen gelöst werden können.

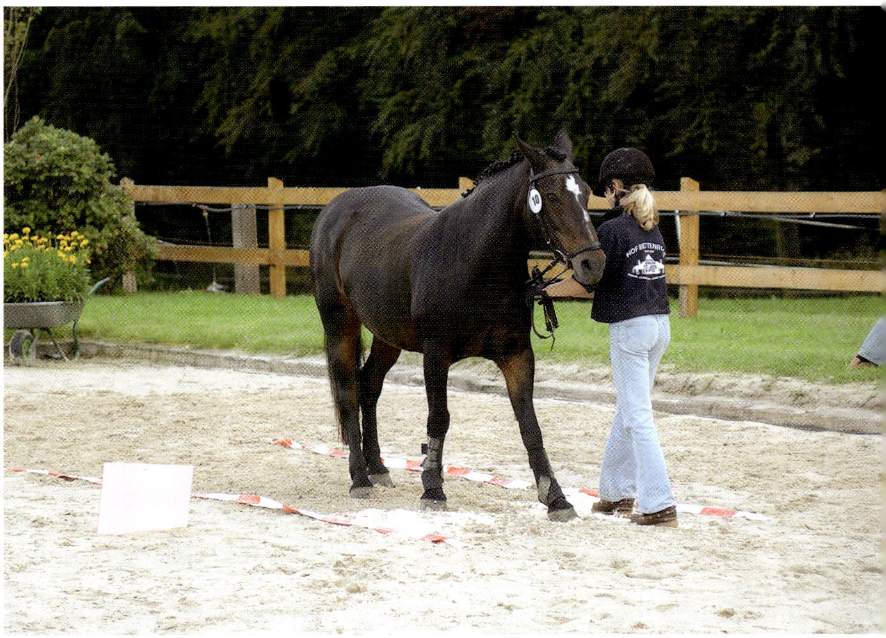

Rückwärtsrichten – hier leider mit zu viel Handeinwirkung

Der Aufbau ist einfach, eine deutlich sichtbare Bodenmarkierung aus Kalk, Spänen oder hellen Brettern genügt vollkommen. Pferde lernen schnell, derartige Markierungen zu respektieren, sofern Korrekturen klar und verständlich mit Gerte, Hand oder Körperstellung gegeben werden.

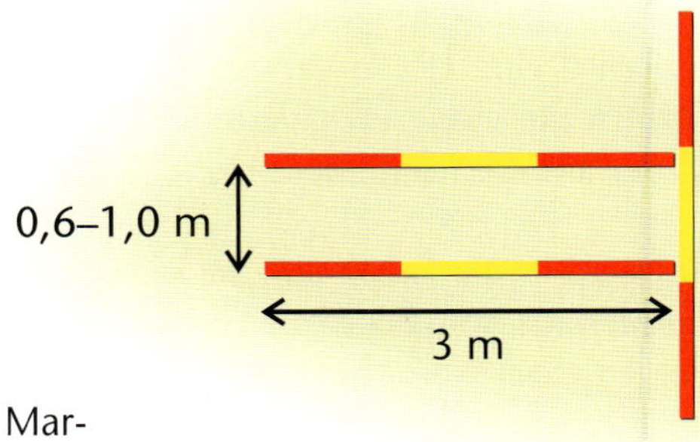

Der Pferdeführer/Reiter hält sein Pferd in der Markierung mit unauffälliger Hilfengebung an und lässt es einen Moment still stehen. Dann wird das Pferd gerade und ruhig rückwärtsgerichtet. Ein zu starker Handeinsatz wird negativ bewertet, ebenso, wenn das Pferd über die Markierungen tritt. Danach sollte das Pferd wieder ruhig stehen, bis der Impuls zum Antreten gegeben wird. Ob der Pferdeführer dabei seitlich oder vor dem Pferd positioniert ist, spielt keine Rolle.

Das Rückwärtsgehen ist in der Natur eine Geste der Unterwerfung. Daher haben vor allem starke Pferdepersönlichkeiten oftmals Probleme damit. Es ist aber wichtig für den Gehorsam, die Balance und die Durchlässigkeit der Hilfen willig und gelassen rückwärtszugehen.
Es sollte bereits frühzeitig als Element des Führens und der Bodenschule trainiert werden. Je früher wir damit beginnen, desto spielerischer lernt das Pferd. Zum Lernen hilft eine Gerte, die leicht an die Brust des Pferdes gelegt wird oder – je nach Pferd – leicht an die Vorderbeine tippt. Auch die Hand des Pferdeführers am Hals oder der Brust des Pferdes und eine gleichzeitige Stimmhilfe können als Impuls eingesetzt werden. Auf diese Weise lassen sich Pferde schnell und einfach zum Rückwärtsgehen ausbilden.

Eine gute Vorbereitung ist auch die Körperschule, speziell die Beinarbeit. Sie schult die Balance und das Körpergefühl für jedes einzelne Pferdebein.

Als Reiter sollten wir immer auf die Impulse aufbauen, die die Pferde in der Bodenschule gelernt haben. Sitz und Einwirkung des Reiters hängen von den Reitweisen und der jeweiligen Hilfengebung ab. Hier bestehen große Unterschiede zwischen dem Ausbildungsweg mit Anlehnung (wir bezeichnen dies oft als klassischen Weg) und den Impulsreitweisen (Westernsport, iberische Reitweisen u.a.).
Manche Pferde können nicht rückwärtsgehen, da sie Schmerzen haben. Rücken- oder Hinterhandschmerzen, blockierte Wirbel oder Muskelprobleme können Pferde daran hindern. Da müssen der Tierarzt oder ein Spezialist her, der nach den Ursachen suchen und sie beseitigen muss.

Aufgabe 7
Regenschirme

In beiden GHP-Prüfungsarten kommt als Nächstes die Aufgabe mit den Regenschirmen.

- **Ziel** ist es, die Pferde darauf zu trainieren, auf Regenschirme oder ähnliche Gegenstände in Ruhe und in Bewegung gelassen zu reagieren.

Jeder Turnierreiter fürchtet – gerade bei jungen Pferden – einsetzenden Regen während einer Prüfung. Denn die Kulisse verändert sich von einem Augenblick zum anderen, da die Zuschauer plötzlich farbige Regenschirme aufspannen. Aus unserem lockeren, gehorsamen Pferd im Viereck oder Parcours wird spontan ein verspanntes, oft fast unrittiges Pferd, das natürlich kaum mehr Chancen auf eine gute Platzierung hat. Das muss nicht sein, denn das ist wirklich eine Sache des verständnisvollen Trainings zu Hause.

Die Angst vor dem Regenschirm

Auch hier gestalten wir eine deutlich sichtbare Gasse. Einige Schirme liegen geöffnet am Boden, ein Helfer spannt bei Annäherung des Pferdes einen Schirm mehrfach auf und schließt ihn wieder.

Zum Üben legen wir in der Halle mehrere geöffnete Schirme aus. Hat sich das Pferd daran gewöhnt, so lassen wir einen Helfer mit einem geöffneten Schirm durch die Halle gehen. Zunächst soll das Pferd einfach zusehen, dann beginnen wir, den Schirm zu verfolgen. Ist das Pferd so weit, dass es die Schirme neugierig beschnuppert, sollten wir es ganz toll loben und mit einem Leckerli verwöhnen. Auch das zarte Berühren des Pferdekörpers mit dem erst geschlossenen und dann geöffneten Schirm kann dem Pferd viel von seiner Angst nehmen. Auch hier empfiehlt sich das Üben an verschiedenen Orten, mit unterschiedlichen Farben und Schirmgrößen.

Aufgabe 8

Planen- und Wasserzone

Dies ist eine der schwierigsten Aufgaben der GHP für viele Pferde. In der geführten GHP als achte, in der gerittenen GHP als siebte Aufgabe stellt sie eine große Herausforderung dar.

- **Ziel** ist es, Pferde an verschiedene Bodenbeläge, Planen und letztlich auch an das Durchqueren von Wasser zu gewöhnen.

Souverän über die Plane

Für die Aufgabe sollten nur starke, reißfeste Planen eingesetzt werden. Zur Fixierung muss die Plane gut beschwert sein. Dies kann durch das Bedecken mit Sand geschehen. Bewährt haben sich Planen mit einem Hohlsaum, durch den ein Brett gesteckt werden kann, das flach am Boden liegen muss. In einem Impulsparcours als Teil eines Reitparks sollte auch eine Wasserfläche sein, die von den Pferden in allen Gangarten durchquert werden kann. Ideal ist es, wenn die Pferde die Plane bzw. das Wasser aufmerksam betrachten und ohne zu stocken gelassen drübergehen. Das zu erlernen erfordert viel Geduld und Einfühlvermögen.

Zum Erlernen und Üben setzt man zwei Planenstücke ein, die zunächst eine Gasse bilden. Das kennen unsere Pferde aus der Bodenschule und schreiten nach anfänglichem Zögern und Betrachten durch die Gasse. Dann wird die Gasse verengt bzw. als Trichter geformt. Schritt für Schritt lernt das Pferd, die Angst vor der Plane zu verlieren. Berühren sich die beiden Planen, dann wird das Pferd zunächst einen größeren Schritt machen. Ist die Überlappung dann so groß, dass das Pferd auf die Plane treten muss, dann warten wir so lange, bis das Pferd von selbst auf die Plane tritt. Futter auf der Plane ist dabei ein wichtiges Hilfsmittel.

ACHTUNG:
Bei dieser Aufgabe sollte der Pferdeführer niemals vor dem Pferd sein. Springt das Pferd aus Angst über die Plane – oder versucht es zumindest –, so besteht eine erhöhte Unfallgefahr!

Auch hier gilt: Alle Aufgaben müssen erst sicher vom Boden aus erfüllt werden, bevor wir uns auf die Pferde setzen.

Pferde gewöhnen sich an die Plane, wenn diese mal über dem Koppelzaun, der Reitplatzbegrenzung oder einfach in der Halle liegt, ohne dass damit gearbeitet wird. Auch das Zusehen, wenn erfahrene Pferde über die Plane gehen, hilft vielen Pferden sehr. Hinter einem erfahrenen Führpferd trauen sich auch ängstlichere Typen relativ schnell zu, eine Plane zu betreten. Haben Pferde das „Planenspiel" erst einmal verstanden und gelernt, dann macht es ihnen sogar sichtbar Freude.
Daher niemals mit Druck, Ungeduld oder Strafen arbeiten – das wirkt nie.

Aufgabe 9

Rappelsack

Nach der Planenstation geht es in beiden GHP-Prüfungsarten zum Rappelsack. Dabei wird ein mit Blechdosen gefüllter Jutesack über am Boden liegende Widerstände gezogen. Für manche Pferde ist es schrecklich, andere erschüttert es überhaupt nicht.

- **Ziel** der Rappelsackaufgabe ist es, Pferde an Geräusche mit gleichzeitiger Bewegung zu gewöhnen. Eine Situation, der wir im Alltag öfters begegnen können. Denken wir nur an den Nachbarn, der seinen mit Steinen gefüllten Schubkarren schiebt, an Kinder, die mit Rasseln spielen, oder an den Hindernistransporter auf dem Turnierplatz.

Deshalb muss der Rappelsack immer etwas hinter dem Pferd hergezogen werden, um diese klassische Alltagssituation zu simulieren.

Rappelsack – na und!

In der Lernphase zerlegen wir die Aufgabe in ihre Bestandteile. Wir gewöhnen die Pferde erst einmal an den Sack und seinen ca. zwei Meter langen Strick. Wir zeigen ihn dem Pferd, hängen ihn in der Nähe des Stalles an sichtbarer Stelle auf. Dann bewegen wir ihn und tragen ihn, wenn wir das Pferd führen. Daraufhin legen wir ihn in die Halle und führen bzw. reiten unser Pferd in der Nähe des leeren Sackes. Danach bitten wir einen Helfer, den Sack zu bewegen und ihn zu ziehen. Die meisten Pferde erschrecken nur kurz und sind dann schrecklich neugierig. Eine Handvoll Hafer aus dem Sack wirkt Wunder und die Pferde folgen dem Sack begeistert hinterher.

Das Geräusch entwickeln wir genauso langsam. Eine Blechdose, gefüllt mit Steinen, die wir erst im Stand und dann in der Bewegung schütteln, gewöhnt die Pferde an derartige Geräusche. Wichtig ist, den Pferden Zeit zu lassen, das Geräusch und die Bewegung als Einheit zu erfassen und festzustellen, dass keine Gefahr davon ausgeht.

Dann kombinieren wir den Sack mit erst wenigen Dosen und steigern uns dann bis zum vollen Rappelsack, den wir in der Nähe der Pferde am/auf dem Platz, in der Halle oder auch mal im Gelände ins Spiel bringen. Akzeptiert das Pferd den Rappelsack, dann ergänzen wir die Aufgabe mit den am Boden liegenden Gegenständen (zum Beispiel Ziegelsteine, Holzleiter etc.).

Mit Geduld, Fantasie und Einfühlungsvermögen lernt jedes Pferd, sich auf diese Weise mit unbekannten Geräuschen, Gegenständen und Bewegungen abzufinden.

Aufgabe 10

Brückenzone

Die geführte GHP sieht keine Brücke vor. Diese Aufgabe ist jedoch von so elementarer Bedeutung, dass sie von jedem Pferd bewältigt werden sollte. Zum einen ist es eine hervorragende Gehorsamsschulung, zum anderen gibt es keine bessere Vorübung für das Verladen und für das Überqueren von Brücken im Gelände.

- **Ziel** ist es, Pferde zu lehren, auf einen Holzsteg oder eine Holzfläche zu steigen und darüberzugehen, ohne zu erschrecken oder davonzustürmen.
  Auch die Gewöhnung an andere Bodenverhältnisse ist ein wichtiger Lernprozess.

Ideal zum Üben ist eine ebene Holzplattform aus starken Baudielen, die auf zunächst flache Kanthölzer geschraubt ist. Vorne und hinten ist je ein

Willig und gelassen über die Brückenzone

Kantholz, in der Mitte sind zwei Kanthölzer im Abstand von ca. 10 bis 15 cm mit stabilen Schrauben befestigt. Daraus können wir später für weiter ausgebildete Pferde mittels eines Rundholzes eine Pferdewippe machen, wie sie im Trailsport und zur Balanceschulung eingesetzt wird. Die Brücke sollte wenigstens ein Meter breit sein und ca. drei Meter lang. Die Bretter müssen griffig, am besten sogar geriffelt sein, damit die Pferde nicht ausrutschen. Bei Nässe hat sich bewährt, etwas Sand darauf zu streuen.

Bevor wir uns mit der Brücke direkt befassen, führen und reiten wir das Pferd auf dem Reitplatz so, als ob die Brücke nichts mit uns zu tun hätte. Wir lassen das Pferd zwar hinschauen, nehmen es aber nicht in den Focus unserer Arbeit. Hat sich das Pferd daran gewöhnt, dann zeigen wir die Brücke gezielt, lassen sie beschnuppern und füttern dem Pferd ein paar Leckerli. Auch das Bestreuen der Brücke mit Hafer wirkt sehr gut!

Dann lassen wir schon weiter ausgebildete Pferde über die Brücke gehen, damit sich die unerfahrenen Pferde an das Geräusch gewöhnen und sehen, dass die Aufgabenstellung lösbar ist.

Wir lassen unser Pferd auch immer wieder in der Nähe der Brücke stehen, loben es und befassen uns mit seinem Körper: streicheln, klopfen, Beine heben. Zweck ist es, das Pferd mit anderen Dingen zu beschäftigen, bis keine Bedrohung mehr von der Brücke ausgeht und das Pferd die Brücke mit Pause, Fressen und angenehmer Körperarbeit verbindet.

Dann bilden wir aus hohen Gattern einen Trichter in Querrichtung und führen unser Pferd an die Brücke. Wir nehmen ein Vorderbein und setzen es langsam auf die Brücke, loben das Pferd und nehmen das andere Bein. Bleibt das Pferd mit beiden Vorderbeinen auf der Brücke stehen, gibt es ein Leckerli. Mit nervösen Pferden beenden wir die Übung und machen am nächsten Tag weiter. Gelassene Pferde können schneller vorangehen.
Zum ersten Überqueren empfehle ich ein Führpferd, das unser Pferd einfach „mitnimmt". Viel Lob, ein Leckerli und schon können wir das alleine. Von der Querung zur Längsüberwindung ist es dann nur mehr ein kleiner Schritt. Wenn wir den Pferden angewöhnen, in der Mitte ruhig stehen zu bleiben, dann kommen die Pferde gar nicht groß auf die Idee, davonzustürmen.

Echte Brücken haben Geländer, daher sollten wir unsere Pferde auch daran gewöhnen. Bauen wir erst das Geländer, quasi als Gasse, und legen dann unsere Trainingsbrücke zwischen das Geländer. Klar, dass wir die Gasse erst einmal ohne Brücke üben und diese erst dann einlegen, wenn das Pferd die Gasse ganz selbstverständlich durchquert.

Es gibt keine bessere Übung, den Pferden das Verladen beizubringen, vor allem, wenn wir die Geländerbrücke dann auch noch mit einem Torboden oder sogar einer „Dachplane" ausstatten. Der Fantasie sind keine Grenzen gesetzt, wenn wir unseren Pferden die Chance geben, alles Neue erst einmal in Ruhe kennenzulernen.

Aufgabe 11

Stillstandszone mit und ohne Sprühflasche

In beiden GHP-Prüfungsarten ist dies die **Zielzone**. In der geführten GHP muss das Pferd stillstehen, während ein zischendes Geräusch in der Nähe ertönt. In der gerittenen GHP sitzt der Reiter ab und sprüht sein Pferd mit einer Sprühflasche ein.

- **Ziel** ist es in jedem Fall zu prüfen, ob die Pferde ruhig stehen und keine Angst vor Geräuschen bzw. vor dem Wassersprüher haben.

Wir benötigen nur eine deutlich markierte Zone (1,5 m x 1,5 m), in der das Pferd aufgestellt wird. Ein Kassettenrekorder erzeugt das Zischgeräusch, eine Sprühflasche mit Wasser testet das Pferd auf seine Reaktionen.

Lernen können die Pferde diese Aufgabenstellungen im Alltag. Am Putz- oder am Waschplatz stellen wir unser Pferd auf. Das Geräusch ertönt erst leise und dann zunehmend lauter, bis das Pferd sich daran gewöhnt hat. Zunächst halten wir das Pferd fest, dann lassen wir es frei stehen. Anbinden würde ich das Pferd auf keinen Fall, denn das empfindet es als Zwang und Gefahr. Nimmt das Pferd das Stehen und Zischen gelassen an, dann beginnen wir mit dem Wasserstrahl des Schlauchs.
Das sollten Pferde schon sehr früh kennengelernt haben, denn das Beineabspritzen und das Waschen gehören zur Grundlagenerziehung jedes Pferdes. Zusätzlich zum Wasserschlauch nehmen wir dann die Sprühflasche dazu, die die Pferde schon vorher ausgiebig ansehen und beschnuppern konnten. Wir füllen sie mit lauwarmem Wasser, damit wir keine Kältereaktion auslösen. Damit sprühen wir erst einmal in die Luft, damit die Pferde merken, dass nichts wehtut. Dann besprühen wir die Mähne und danach erst den Hals. Immer verbunden mit Streicheln, Klopfen, Loben, Beruhigen und Leckerli, wenn es besonders gut war.

Haben unsere Pferde das Besprühen am Waschplatz erlernt, üben wir dies zunächst an vertrauten (Putzplatz, Stallgasse, Auslauf, Weide) und dann an unbekannten Orten. Auch die Flaschenfarbe können wir wechseln und darüber hinaus kaltes Wasser einsetzen.

In wenigen Tagen haben sich Pferde an das Besprühen gewöhnt und wir können getrost für das Turnier mit Mähnen- und Schweifspray und im Sommer auch mit Fliegenspray arbeiten. Darüber hinaus hat der Tierarzt hat mit einem Wundspray kein Problem mehr. Unsere Pferde reagieren meist gelassen und bekommen in den GHPs fast immer gute Noten.

1.2 Was können wir noch im Impulsparcours finden?

Hier überlasse ich die Auswahl weiterer Übungsaufgaben ganz Ihrer Fantasie. Überlegen Sie immer, was die Pferde in Ihrem Betrieb lernen sollten, um im Turniersport oder beim Geländereiten sichere und zuverlässige Partner zu sein.

Ideal ist es natürlich, den Impulsparcours in einen Reitpark zu integrieren, in dem viele Übungsaufgaben aus dem Turniersport enthalten sind.

Machen Sie sich über die Lernziele genaue Vorstellungen und geben Sie den Pferden bei allen Aufgaben die Möglichkeit des schrittweisen Lernens. Wie die Lernprozesse ablaufen, haben wir schon ausführlich behandelt, daher möchte ich hier nur noch die wichtigsten Leitsätze wiederholen:

- Vom Bekannten zum Unbekannten
- Vom Leichten zum Schweren
- Von der Vorform zur Zielform

Es sollten daher Übungsaufgaben in unterschiedlichen Schwierigkeitsgraden enthalten sein.

Merke:
Der Aspekt der Unfallverhütung sollte immer im Vordergrund aller Übungsaufgaben stehen.

1.3 Anregungen für die Gestaltung und gemeinsame Nutzung

Profilieren Sie den Impulsparcours: Böschungen, Wellenbahnen unterschiedlicher Größe, trockene Gräben, Terrassen

Setzen Sie Wasserflächen ein: Zum Durchführen und Reiten und zum Hinein- und Herausspringen – außerdem sind Wasseranlagen immer gestalterische Blickfänge.

Eine gelassene Truppe

In gelassener Harmonie

Bieten Sie Baumstämme, kleine Hecken und unterschiedliche Bodenarten an, um die Pferde an all die unbekannten Alltagssituationen zu gewöhnen. Nutzen Sie Bäume und Büsche zum „Slalomtraining" und für Start-/Zielaufgaben.

Aufmerksam, gelassen, stolz

Legen Sie Reitwege für alle Gangarten an und platzieren Sie ortsfeste und mobile Geländehindernisse so, dass aus dem Impulsparcours im Laufe der Zeit ein idealer Trainingspark für alle Reiter wird. Ich habe erlebt, wie Reiter aller Reitweisen und Leistungsklassen nach anfänglichem Zögern gerne und mit großem Erfolg die darin gestellten Aufgaben absolvieren.

Es ist auch von Vorteil, wenn in dem Reitpark die klassischen Trainingsflächen integriert sind. Ein Dressurplatz, ein Longierzirkel und ein Springgarten, diverse Geländestrecken – alle Bereiche des Pferdesports können so zusammenwirken und sich sinnvoll ergänzen.

Mit einem Schmunzeln erinnere ich mich gerne, wie der legendäre Dressurausbilder Paul Stecken auf der Olympiareitanlage in München mit seinen Dressurreitern im Morgennebel die Pferde über die kleinen Geländesprünge der Vielseitigkeitsreiter gelöst hat, bevor sie an die schweren Dressurlektionen gingen!

Konzentriert und gelassen

Schön wäre es, wenn über den Weg der Impuls- und Reitparks das tägliche Training für die Pferde und die Reiter wieder vielseitiger, abwechslungsreicher und pferdegerechter würden als wir es heute bei dem oftmals üblichen reinen Hallentraining erleben.

Dies ist auch eine Herausforderung an die Anlagenbetreiber und die Planer von Pferdebetrieben, zusammen mit Ausbildern und Parcoursbauern Reitparks zu entwickeln, die allen Sparten des Reit- und Fahrports dienen.

Es macht den Pferden und Reitern/Fahrern nicht nur Freude, in solchen Parkanlagen zu trainieren. Die Lernprozesse verlaufen wesentlich stressfreier und schneller und als Ergebnis haben wir Pferde, die durch fast nichts zu erschüttern sind. Und gerade die so ausgebildeten Pferde sind aufmerksam, wach und arbeiten gerne an den gestellten Aufgaben mit. Denn sie sind ausgeglichen und körperlich und seelisch im Gleichgewicht. Was besonders wichtig ist, sie haben gelernt, neue Lektionen und Kompetenzen nicht mechanisch, sondern über die geistige Mitarbeit zu entwickeln.

KAPITEL 2

Der Blick in die Zukunft

Ich hoffe, Sie haben das Buch mit Interesse und Freude gelesen. Natürlich konnte ich manches Thema nur am Rande streifen. Doch sollen die vielen Impulse und Anregungen dazu beitragen, die tägliche Zeit, die Sie mit Ihren Pferden verbringen, gelassener und gleichzeitig erfolgreicher zu gestalten. Sprechen Sie mit Ihrem Anlagenbetreiber, mit Ihrem Ausbilder und mit Ihren Reiterfreunden über das Thema Gelassenheit im Pferdesport.

Aufgaben und Prüfungen

Vielleicht trägt das Buch dazu bei, neue Aufgaben für die Gelassenheitsprüfungen zu entwickeln. Vielleicht entstehen sogar ganz neue Prüfungsaufgaben daraus. Ich denke dabei an Jungpferde-Prüfungen ohne Stress und Überforderung, an Dressur- und Springprüfungen, in denen die Gelassenheit eine eigene Wertnote bekommt.

Wir finden heute das Thema Gelassenheit schon in vielen Prüfungsarten

Gelassenheitsprüfung (GHP)

Zentral natürlich in der geführten und gerittenen GHP.

Hunterprüfung

Auch die erst vor wenigen Jahren eingeführte Hunterprüfung rückt die Gelassenheit in die Bewertungskriterien. In einer Hunterprüfung müssen Pferde gelassen in gleichmäßigem Tempo naturnahe Hindernisse überwinden. Bewertet werden Tempo, Rhythmus, Manier des Pferdes sowie das Herausbringen von Pferd und Reiter. Eine herrliche Prüfung für Amateure und nicht mehr ganz jugendfrische Spring- und Geländereiter.
Neu sind die Geländehunterprüfung und die Steigerung der Anforderungen in den Parcourshunterprüfungen auf 115 cm. Das sind schon sportliche Anforderungen, die den Hunterreitern gestellt werden!

Basis- und Aufbauprüfungen gemäß LPO

In allen Basis- und Aufbauprüfungen spielt die Gelassenheit eine Rolle. Noch wird sie nicht mit einer eigenen Note bewertet, es wäre doch ein guter Impuls, darüber nachzudenken!
Erfreulich im Sinne einer tiergerechten Ausbildung sind die neuen Gewöhnungsprüfungen, die erstmals in der LPO 2008 vorgestellt werden!

Trailprüfungen für Western- und Freizeitpferde

Die alternativen Rassen und Reitweisen haben das Thema Gelassenheit schon lange in ihrem Programm. Ein Blick über den Zaun des konventionellen Reitsports eröffnet vielen Reitern neue Perspektiven und gibt interessante Anregungen. Warum sollen wir nicht einmal mit einem Turnierpferd, das entsprechend ausgebildet ist, an einem Trailparcours teilnehmen? Das verbindet, ist lehrreich und macht Freude – ich habe es getan und weiß, wovon ich spreche.

Ausbildung von Pferd und Reiter

Ich wünsche mir, dass neue Aspekte in der Ausbildung von Pferd und Reiter angedacht werden. Methodische Elemente sollen sich entwickeln, die den Stress des Lernens für Pferd und Reiter reduzieren, ohne die bewährten Grundlagen unserer Ausbildung im Reiten und Fahren infrage zu stellen, egal welcher Reitweise wir uns zugehörig fühlen.

Der Freizeitsport

Als Freizeitreiter haben Sie erfahren, wie einfach es oft ist, den Pferden beizubringen, mit den Herausforderungen des Alltages und unserer Umwelt zurechtzukommen. Gelassene Pferde sind Garanten für genussvolles Reiten in freier Natur. Sie sind gehorsam und aufmerksam und helfen durch trainierte Reaktionsmechanismen, neue und unbekannte Situationen souverän zu lösen.

Der Leistungssport

Sportreiter profitieren in vieler Hinsicht von den Grundgedanken dieses Buches. Sie haben neue Impulse für die Ausbildung der Pferde kennengelernt. Sie haben erfahren, dass es ganz einfach ist, den Partner Pferd besser zu verstehen und seine körperlichen und seelischen Möglichkeiten rteilhaft auszunutzen. Und schon bald werden die Pferde im Sport erfolgreicher sein, das kenne ich aus eigener Erfahrung.

Gelassenheit im Dressursport

Dressur ist ein wunderschöner Sport. Es ist Harmonie zwischen Pferd und Mensch mit feinsten Reaktionen auf unsichtbare Hilfen - ein Erlebnis der ganz besonderen Art!
Vielen Pferden und Reitern fehlt es an der dazu nötigen Gelassenheit. Ich bin überzeugt, dass hier noch große Potenziale ungenutzt sind.

Nur Lektionen üben und an den Bewegungen des Pferdes feilen, reicht nicht aus. Die Ausstrahlung von Pferd und Reiter beruhen auch auf deren Gelassenheit.

Seit meine Dressurpferde in einer modernen, tiergerechten Gruppenhaltung leben und viel Koppel und Auslauf haben, sind sie deutlich ausgeglichener, lockerer und leistungsbereiter. Gesünder und zufriedener sind sie dadurch sowieso!

Während des Trainings und auf dem Turnier lege ich viel Wert auf die Gelassenheit der Pferde.

Meine Pferde haben mich gelehrt, dass sie nur gelassen sein können, wenn auch ich es bin.
Gelassenheit ist ein wichtiges Element in unserem Sport.
Gelassen reiten macht einfach mehr Spaß.

Statement Jessica Wilz
Leistungsklasse 2 in Dressur, zahlreiche Platzierungen und Siege bis Dressurprüfungen der Kl. M/Kat. A; Platzierungen bis Klasse S/Prix St. Georg

Die Pferde
Am meisten sollen die Pferde von dem Thema Gelassenheit profitieren. Die Haltung, der Umgang, die Ausbildung und die Nutzung können immer noch besser werden, wenn wir gelassener und kompetenter damit umgehen. Wir müssen nur die Impulse und Informationen in Taten umsetzen!

Ideal zum Thema Gelassenheit passt die Erholungsphase nach der Turniersaison. Gönnen Sie sich und Ihren Pferden die Monate November und Dezember für den körperlichen und seelischen Urlaub - Koppelgang, Spazierenreiten und Gelassenheitstraining.

Gelassenheit ist ein wichtiger Teil der Lebensqualität unserer Pferde!

Wir selbst
Sie und ich, wir alle haben gelernt, systematisch an uns selbst zu arbeiten. An unserem Verständnis für Pferde, an unserem Wissen über Pferde, an unseren Reaktionen. Damit können wir selbst sehr viel vom Thema Gelassenheit im Pferdesport und sogar in unserem Alltag profitieren.

Gelassenheit ist die Basis für Harmonie zwischen Pferd und Mensch.

Ausgewählte Literaturempfehlungen aus dem FN*verlag*

Bücher, Videos/DVDs/CDs erhältlich über den Buch- und Reitsportfachhandel
oder direkt beim
FN*verlag*, Freiherr-von-Langen-Straße 13, 48231 Warendorf,
Tel.: 02581 6362-154/-254, Fax: 02581 6362-212,
E-Mail:vertrieb-fnverlag@fn-dokr.de, www.fnverlag.de

DEUTSCHE REITERLICHE VEREINIGUNG:
Richtlinien für Reiten und Fahren Band 4: Haltung, Fütterung, Gesundheit und Zucht. 13. Aufl. 2006

DEUTSCHE REITERLICHE VEREINIGUNG:
Richtlinien für Reiten und Fahren Band 6: Longieren. 7. Aufl. 1999

DEUTSCHE REITERLICHE VEREINIGUNG:
Orientierungshilfen Reitanlagen- und Stallbau. 10. Aufl. 2001

DEUTSCHE REITERLICHE VEREINIGUNG.
Pferdehaltung in Gruppen.
2. überarb. Aufl. 1989

DEUTSCHE REITERLICHE VEREINIGUNG/DEUTSCHE LANDWIRTSCHAFTS-GESELLSCHAFT:
Urlaub im Sattel. Deutschlands schönste Reiterhöfe. Warendorf 2007

DEUTSCHE REITERLICHE VEREINIGUNG/MINISTERIUM FÜR UMWELT UND NATURSCHUTZ, LANDWIRTSCHAFT UND VERBRAUCHERSCHUTZ DES LANDES NRW:
Eckdaten Pferd. Heft 1: Haltung (2005)
Heft 2: Gesundheit (2006)
Heft 3: Bestandsbezogener Infektionsschutz (2007)

BARTLE, CHRISTOPHER UNTER MITARBEIT VON NEWSUM, GILLIAN:
Ausbildung des Sportpferdes.
1. Aufl. 2007

BÜRGER, UDO/ZIETZSCHMANN, OTTO:
Der Reiter formt das Pferd.
2. Aufl. 2004

CHMIEL, CLAUS:
Der konditionsstarke Reiter – Mehr Sicherheit und Gefühl

DIETZE, SUSANNE VON:
Balance in der Bewegung. Neuaufl. 2003. Video und DVD zum Buch erhältlich

DÜLFFER-SCHNEITZER, DR. MED. VET. BEATRICE: **Pferdesundheitsbuch.**
2. Aufl. 2006

GAST, ULRIKE UND CHRISTIANE / DEUTSCHE REITERLICHE VEREINIGUNG:
365 Ideen für den Breitensport.
2. Aufl. 2007.

GEHRMANN, WILFRIED:
Doppellonge – eine klassische Ausbildungsmethode. 1. Aufl. 1998; Video/DVD zum Buch erhältlich

HAMACHER, RALF/
DEUTSCHE REITERLICHE VEREINIGUNG:
Gelände Allround. 1. Aufl. 2001

HAMACHER, RALF/
DEUTSCHE REITERLICHE VEREINIGUNG:
Allround Wettbewerbe. 2. Aufl. 2005

HESS, CHRISTOPH/SCHLEMM, PETRA:
Besser reiten – Wo ist das Problem?
1. Aufl. 2005;
Video/DVD zum Buch erhältlich

HÖLZEL, DR. PETRA:
Mit dem Pferdesport aktiv bleiben.
1. Aufl. 2004

KLEVEN, HELLE KATRINE:
Physiotherapie für Pferde.
2. Aufl. 2001
Video zum Buch erhältlich

KRÄMER, MONIKA:
Siege werden im Stall errungen.
1. Aufl. 2005

LÜHRS, KARIN:
111 Lösungswege für das Reiten.
2. Aufl. 2006

LANGE, CHRISTINE:
Erlebniswelt Wanderreiten.
1. Aufl. 2004

LUKAS, UWE:
Gesunde Hufe – kein Zufall!
Erscheinungstermin Herbst 2007

NEUMANN-COSEL, ISABELLE VON:
Wenn Pferde sprechen könnten ... sie können! 1. Aufl. 2005

POLLMANN-SCHWECKHORST:
Springpferdeausbildung heute.
2. Aufl. 2006
Video/DVD zum Buch erhältlich

POUTAVAF, ARIANE/MEYER, HERBERT:
Die Brücke zwischen Mensch und Pferd.
2. Aufl. 2001

PUTZ, MICHAEL:
Reiten mit Verstand und Gefühl.
2. Aufl. 2005

RAHN, DR. ANTJE/FELLMER, EBERHARD./BRÜCKNER, DR. SASCHA:
Pferdekauf heute. Neuaufl. 2003

RIETSCHEL, CLAUDIA:
Von Kopf bis Huf. 3. Aufl. 2007

ROSEMANN, HILDEGARD UNTER MITARBEIT VON RIEDER, ULRIKE:
Voltigierer und Pferde spielend motivieren. 1. Aufl. 2006

SCHINKEL, B. U. R.:
Erfolgreicher Reiten mit mentalem Training. 1. Aufl. 1999

SCHÖFFMANN, DR. BRITTA:
Horse-Handling oder Reiterglück beginnt am Boden. 1. Aufl. 2006

WILLRICH, GINE:
Angstfrei reiten. 1. Aufl. 2004

ZETTEL, WALTER:
Dressur in Harmonie.
1. Aufl. 2003

Weitere Literaturhinweise:

DARGATZ, THORSTEN:
Anti-Stress Programm.
Sportinform Verlag, München 1995

KRÄMER, MONIKA:
Pferde erfolgreich motivieren.
Franckh-Kosmos 1998

KRÄMER, MONIKA; SCHUMACHER, JOCHEN:
Die Kosmos-Reitlehre. **Erfolg im Sattel von Anfang an.** Franckh-Kosmos 2002

SCHUMACHER, JOCHEN; KRÄMER, MONIKA:
Reiten lernen mit allen Sinnen.
Franckh-Kosmos 1999

ULLSTEIN, HANS JR.:
Natürliche Pferdehaltung.
Müller Rüschlikon 1996

ZEITLER-FEICHT, MARGIT DR.:
Handbuch Pferdeverhalten.
Ulmer Verlag 2001

Kirsten Beeck Fotografie C.B., Bredenbeck: Seite 114

Archive Boiselle, Speyer: Seite 115 entnommen aus „Wenn Pferde sprechen könnten ... Sie können! von Isabelle von Neumann-Cosel, **FN***verlag* 2005

Janne Bugtrup, Marne: Seite 18 o.

Arnd Bronkhorst/ www.arnd.nl: Seite 29 u. entnommen aus „WEG Aachen 2006", **FN***verlag* 2006; Seite 33 li. entnommen aus „Reiten mit Verstand und Gefühl" von Michael Putz, **FN***verlag* 2005

Jean Christen, Mannheim: Seite 45 (6) entnommen aus „Wenn Pferde sprechen könnten ... Sie können! von Isabelle von Neumann-Cosel, **FN***verlag* 2005

Rainer Dill, Schwanstetten: Seiten 24 u., 26

Werner und Tammo Ernst, Ganderkesee: Seite 30 entnommen aus „WEG Aachen 2006", **FN***verlag* 2006; Seite 33 re. entnommen aus „Olympia der Reiter – Athen 2004", **FN***verlag* 2004; Seite 138 li. entnommen aus „Olympia der Reiter – Atlanta 1996",

Georg W. Fink, Aufkirchen: Seiten 15, 23 o., 27, 32 re., 35, 50 li., 53 (2), 55 o., 56 (3), 60 li., 63, 66, 67 re., 68 m., 71 u., 81, 92, 94 li.

Klaus-Jürgen Guni, Gärtringen: Seite 103

Ronald Hogrebe, Prisdorf: Seite 91 u.

A. Jünck/Trainingsgeräte für Pferde, Borken: Seite 72 (2)

Joachim Kropp, Zweibrücken: Seite 23 re. entnommen aus „WEG Aachen 2006", **FN***verlag* 2006

Lothar Lenz, Dohr: Seiten 118 (3), 119, 121 o.

Thoms Lehmann, Warendorf: Seite 129 u. entnommen aus „Die Deutsche Reitlehre – Das Pferd". Deutsche Reiterliche Vereinigung (Hrsg.), **FN***verlag* 2002;
Seite 163 u. entnommen aus „FN-Handbuch Lehren und Lernen im Pferdesport". Deutsche Reiterliche Vereinigung (Hrsg.), **FN***verlag* 2007

Till Mack, Stuttgart: Seiten 34 o.re., 101 (2) entnommen aus „Mit dem Pferdesport aktiv bleiben" von Dr. Petra Hölzel, **FN***verlag* 2004

Doris Melzer, Lautertal: Seite 23 li. entnommen aus „WEG Aachen 2006", **FN***verlag* 2006

Tierfotografie Neddens, Wuppertal: Seite 86 u. (2) entnommen aus „Siege werden im Stall errungen" von Monika Krämer, **FN***verlag* 2005

Peter Prohn, Barmstedt: Seiten 60 m., 147, 149, 150 (2), 151 (2), 152, 153, 155, 156, 157, 158, 160;
Seiten 17, 38 (2) entnommen aus „Pferdegesundheitsbuch" von Beatrice Dülffer-Schneitzer, **FN***verlag* 2006;
Seiten 76 (2), 116 entnommen aus „FN-Handbuch Pferdewirt". Deutsche Reiterliche Vereinigung (Hrsg.), **FN***verlag* 2005;
Seiten 91 o., 110, 163 o. entnommen aus „Reiten mit Verstand und Gefühl" von Michael Putz, **FN***verlag* 2005;
Seite 99 (3) entnommen aus „Angstfrei Reiten" von Gine Willrich, **FN***verlag* 2004;
Seite 141 (3) entnommen aus „111 Lösungswege für das Reiten von Karin Lührs, **FN***verlag* 2006;

Barbara Schnell, Krefeld: Seite 129 o. entnommen aus „Horse Handling oder Reiterglück beginnt am Boden" von Dr. Britta Schöffmann, **FN***verlag* 2006

Jochen Schumacher, Reken: Seiten 68 o.+u. 70 (3), 73 u., 100 li., 127 (2), 130, 131 (2), 132 o., 161, 162 u.

Christiane Slawik, Würzburg: Seiten 14, 16, 17 o. (2), 21, 23 u., 24 (3), 28, 32 li., 34 o.li., 37, 39 (2), 42 (2), 43 (4), 46 (2), 47 (2), 48 (3), 50 o., 54, 55 u., 56 li., 57 (2), 58 (2), 59 (2), 61, 62 (3), 64 (2), 65 (2), 67 li., 74 (2), 75 (4), 77 (2), 82 u., 85 o., 94 re. (2), 95, 96 o., 105, 106 (4), 109, 110, 121 u., 134, 135, 136, 137, 139 u., 140 o.

Franz Steindl, Aachen: Seite 29 o. entnommen aus „WEG Aachen 2006", **FN***verlag* 2006

Dr. Stefanie Walker, Kiel: Seiten 19, 81

Benjamin Wild, Starnberg: Seiten 20, 34 u., 80 (2), 82 o., 58 u., 86, 87, 90, 93 (3), 95 u., 97 (4), 98 (3), 100 re., 102, 107 (4), 111 u., 115 (3), 117, 122 (2), 123 (3), 124 (3), 125 (2), 126, 132 u., 133, 138 (3), 143, 162 o.

Margit Zeitler-Feicht, Bad Tölz: Seite 18 u.